有元葉子の台所術

たのしいひとり暮らしは料理から

もくじ

ビタミンカラーの朝ごはん……18
疲れた日のごはん……20
ひとりぶんではなく、作りやすい分量で……22
作りおきをそのまま食卓へ……24
青菜をたくさん食べる方法……26
塩もみ野菜の魅力……28
甘みにはメープルシロップを……30
最高においしい肉の食べ方は？……33
蒸し鶏は奥が深い……35
究極の放っておき料理でごちそう……37
冷蔵庫で作るおいしい一夜干し……39

塩をして焼いて、それから……41
ひとり暮らしの醍醐味……43
途中までやっておくことが大切……46
ご飯をおいしく食べるためのお櫃の話……48
おいしいみそ汁のためならば……50
一種類の具を味わうみそ汁……52
いつでもかつおだし……54
お肉の冷凍はマイナス一八度以下で……57
ひき肉で冷凍食品を作る……59
魚の冷凍保存のコツ……61
ひとりでも揚げ物……63

なんでもおいしくなるみそ漬けやかす漬け……73
こだわりのグリーントマトのかす漬け……75
理想のぬか床鉢……77
ぬか床を元気にするために……79

夏のいちじく仕事……80
晩秋のりんご仕事……82
冬から春のレモン仕事……84
春のいちご仕事……86
実山椒を一年中楽しむ……88
私の梅仕事……89
みんなでたくあんを漬ける……92
ハーブを育てる?!……94
国産食材にもっとこだわりたい……96
よい食事とはバランスのよいごはん……98
料理中の贅沢な瞬間……100
わが家のポン酢を作る……102
マヨネーズの話……104
いいお米を買うことは未来を選ぶこと……106
おいしい玄米を食べるには……108
しっかり噛んで食べる玄米のひと皿……110

食べたいものを食べる……112
今日の私が食べたいもの……114
皮ごと桃を食べながら考えたこと……116
ひとりの贅沢を楽しむ……118
ごはん会は一緒に食べることを大切に……120
イアリアに学びたいこと……122
「1プラス」という言葉……124
ワインを楽しむ酒の肴……127
日本酒を楽しむ酒の肴……128
ワインと古漬け……130
みんなとんかつが好き……132
イタリア中部地震の時……134

グリーンのある生活……145
テーブルセッティング、私のアイデア……146
市原平兵衛商店の盛りつけ箸を使う理由……148

時には手も使う……150
ひとり暮らしで必要な調理道具は？……151
鉄のフライパンを使いこなす……153
鉄瓶のある暮らし……155
冷蔵庫を循環させる……157
マイナスなことがあるから楽しい……159
「作り手は真の使い手であれ」……161
キッチンに必ず常備している布……164
理想のリネンでふきんを作ってみたら……166
私のエプロン……168
きれいに使うためには溜めないことです……169
さわり心地にこだわったスポンジの話……171
体調が悪ければ、まず水を……173
小さいわが家の大きなテーブル……175
上質な眠りのために……177

index……181

ご飯とお漬け物とみそ汁が
ふつうにおいしければ、
それだけでひとり暮らしは充分です。
なぜなら、誰かと一緒の食卓も
そこから始まるものだから。

一日のスタートは新鮮で鮮やかな野菜や果物を
生で。快い噛みごたえに体がしゃき！→ p18

ふた付きの白磁の器は清潔で使いやすく、やわらかい白の肌が料理の色を引き立てます→ p24

樽冨かまたの秋田杉のお櫃は、ずっと愛用しているもの。おいしいご飯のために欠かせません→ p48
下／ご飯を冷凍する時は、ふわっとすくい、ふわっと包みます。大きさもあえてさまざまに→ p48

昆布や煮干しは水だしがいちばん。冷蔵庫に入れてじっくりとうまみを引き出します→ p50
上／かつおだしは一度に取って、しっかりとふたの閉まる容器で冷凍保存。けれどもあっという間に使いきってしまいます→ p54

私の毎日の
ごはんはこんなふう！

1 筍ご飯、白身魚の酢じめ、ごぼうとれんこんのきんぴら、春菊のおひたしにごまをふって5月のワンプレート。2 野菜のみそ汁にかつおのたたき。ぬか漬けは塩を浅くして、サラダのようにたっぷり。3 薄い牛肉はあぶって塩、こしょう。野菜サラダにはオリーブオイルとごまを。日本酒とはちみつで漬けた梅酒も！ 4 典型的な肉なし日のごはん。厚揚げとみょうが、お漬け物、グリンピースご飯に納豆、レタスとのりのサラダの味つけはオリーブオイルとしょうゆを少し。5 この日はいかと菜の花をゆでただけ。フキと油揚げ、じゃこの炒り煮、酢みそは作りおき。冷凍ご飯は蒸して。6 手前はおかひじきをにんにく、レモン、アンチョビー、オリーブオイルで。ズッキーニのグリル、いんげんとトマトの煮物。写真は野菜ばかりですが、サラミやプロシュットもたくさん食べました。イタリアで。7 こちらもイタリアで。野生のアスパラガスはパスタと同じくらいをたっぷりと。一緒にフォークに巻きつけて食べると最高なんです。

2

3

1

4

5

6

7

切り身に軽く塩をして、そのまま冷蔵庫に。
ひと晩ほどで、おいしい一夜干しのでき上がり。知っておくとうれしい工夫です→ p39

ビタミンカラーの朝ごはん

私の朝ごはんの定番は、豆乳、トースト、フルーツ、生野菜、ときどき卵です。そして紅茶を大きなマグカップにたっぷり。日によって生ハムが加わることも。

厚く切ったバターと手作りのいちごのジャムをのせたトーストだけの日もあれば、玄米と常備菜の日もあります。「食べなくてはならない」と朝から自分に強いることはしたくないので、食べたいものを食べるのが私流。

忙しい時は、鮮やかな色の生野菜をポリポリ、そして豆乳――それが気持ちいい朝もあります。

生野菜は、にんじんやトマト、パプリカ、オレンジ、いちごなど、赤、黄色、オレンジのビタミンカラーの野菜や果物。小さく切らずに、にんじんならだいたい半分くらい、かじって食べるように大きく切る――というより、なるべく丸ごとで。トマトならばそのまま。目が冴えるようなきれいな色でお皿がいっぱいになると、見るだけでも元気が湧いてきて、気持ちよく一日をスタートできます。

とくににんじんをカリカリ、ポリポリかじる快感は、ねぼけた頭をいっきに目覚めさせてくれるようです。午前中からスケジュールが埋まっていても、音をたててかじれば、いくら朝に弱い私でも、さすがに目がすっきりと開き、しゃきっとするのです。スムージーやジュースのように、やわらかいものやドロドロになったものは、どうやら私には向かないようです。

こうして生をそのまま食べると、野菜そのもののおいしさがわかります。「朝のロ－フード（生野菜）」という、ワイルドな習慣が気に入るようになって、ますます本当においしい野菜を真剣に探すようになりました。

疲れた日のごはん

ずっと立ちっぱなしの一日や、旅先から帰ってきた日など、もう、今晩はごはんを作る元気もない、そんな気分になる時でも、「あれがあるから大丈夫！」と心強いのは、冷蔵庫にいつも二、三品はある、おそうざいです。

なかでも、野菜を細切りにして炒めるきんぴらは強い味方です。ごぼうをせん切りにしたら、熱したフライパンでさっと炒め、酒としょうゆだけで味をつけます。ひき肉を加えて、ボリュームをつけたものにすることもあります。

きんぴらはごぼうに限らず、ピーマン、にんじん、セロリ、ふき、れんこんやにんじんなどの野菜でもおいしいですし、何種類かの野菜を取り混ぜて作ってもOK。お好みで、酢と少しのみりんやメープルシロップを加えて味つけしても。

そのほか、いろいろな野菜のおかずが数種類あれば、あとは玄米にみそ汁。冷凍してあった干物を焼けば、すぐにごはんができ上がり。こんな簡単なものですが、自分で作った食事はおいしいと思えます。

夏なら、かぼちゃとピーマンの炒め煮。どちらも大きめに切って、ごま油で炒めたあと、しょうゆと酒、少量のメープルシロップで味つけをし、落としぶたをしてやわらかくなるまで煮ます。ほんのり甘いかぼちゃと香りの強いピーマンの炒め煮は、冷めてもおいしいので、暑い季節にぴったり。

同じようになすを炒めたところに梅干しを加えてすっぱく仕上げた、なすの梅煮も、冷蔵庫から出せば、すぐに食卓に並べられる夏のおかずです。

あるいは、いんげん、アスパラ、青菜のごまじょうゆあえや、にんじんのごまよごしなど、ごまをたっぷり使ったおそうざい。

半生に干したにんじんや大根をしょうゆに漬けたものも、よく冷蔵庫には入っています。

ゆでた野菜。洗う、皮をむく、火を入れる……と野菜の処理は意外に時間と手間がかかるものですから、ゆでて味をつけたものが冷蔵庫にあると便利です。

こういったおそうざいは、保存するために作るわけではないので、せいぜい二、三回で食べきります。「作りおき料理」ということではないのですが、「あれがある」と考えると、キッチンに立つ足取りも軽くなります。そして、こんなおかずは、酒の肴になるところがいいのです。

ひとりぶんではなく、作りやすい分量で

料理には、おいしくできる分量というのがあります。小さな鍋でちまちまと作ってもおいしくできない料理なら、ひとり暮らしであってもおいしくできる分量で料理します。

ごぼうを半分だけ使って、残りにラップをかけるくらいなら、一本全部を一度に使ってしまいます。料理にしてから取っておけばいいのですから。私の場合、もともと取っておくぶんも考えて、わざと多めに作ることもあるくらいです。

たとえば牛肉の炒り煮を作るなら、最低でも五〇〇グラムくらいのお肉を使ってたっぷり作ります。

パスタのトマトソースも一キロ以上のトマトを使って冷凍保存するぶんも一度に作ります。

ひじきなどの乾物も一度に一パックを戻して下準備をしておきます。

青菜一把も、使う時には丸ごと使ってしまう、そんな感じです。

残した食材は、たいてい、使いきれずにダメにしてしまいがち。とくに半分にした野菜は傷みやすいでしょう。おいしく作って、上手に保存しておけばいいと考えると、気持ちよく料理できます。

作ったおかずが多すぎたら、昔のようにお隣さんにおすそ分けしても、職場の仲間と一緒にお昼に食べてもいいのでは。おかずがたくさんできてもすぐに食べてしまう大所帯ではおすそ分けもできませんが、それができるのもひとり暮らしの醍醐味というもの。同じ料理を囲めば、親しさは増すし、作りやすくおいしく料理できるし、いいことずくめです。

作りおきをそのまま食卓へ

冷蔵庫の中の小さいおかずを食卓に出す時、今まではプラスチック容器に入れて保存して、食べるぶんだけを器に盛りつけていました。でも、見た目が素敵な保存容器があれば、冷蔵庫からそのまま食卓に出せるのに、と思っていました。

残ったおかずにラップをかけて冷蔵庫に入れるのも、あまり気持ちのよいものではありません。

陶芸家の高久敏士さんに提案して作っていただいたのが、ふた付きの白磁の保存器たちです。この器はふたが付いているので、ラップをかけずに冷蔵庫に入ります。

白磁の器は清潔ですし、におい移りがまったくありません。小さなものから大きなものまで何種類かがそろっているので使いやすいです。

ふたのかたちも二段、三段と重ねられるように考えました。重ねてしまえば、冷蔵庫の中でもスペースをとりません。

鰺でも鮭でも、食べきれなかった焼き魚の身をほぐしてごまをふり、この器に入れておきます。

こうしておけば、朝ごはんには、ホカホカのご飯にみそ汁、それにこの器に入った焼き魚のごまよごし、そのほか、梅干しやきんぴら、葉菜を炒りつけたもの、カリカリに揚げたしらす干しなど、同じ白い器に収まったおかずを並べます。これに香りのよいほうじ茶があればいいですね。

すっきりとした食卓は、清潔に整っていて、とても気分がよいものです。

青菜をたくさん食べる方法

ある日、届いた箱の中には小松菜やほうれん草などの青菜がいっぱい。さて、ここで頭のトレーニング。たくさん届いた青菜、どんな料理やどんな工夫ができるでしょう？

まず新鮮さを長くキープできるように保存します。根もとに一文字や十文字の切り込みを入れ、水に浸します。切り込みが広がり青菜が充分に水を吸うと全体がシャキっとしますし、土汚れも落ちやすくなりますから、水でよく洗います。それをそのままボウルにセットしたざるに入れ、ステンレスのプレートでふたをして冷蔵庫に。洗ってあるのですぐに使えます。青いまま三、四日、状態がよければ十日は大丈夫。

ここまでしてあれば、はじめに、濃いめに取ったかつおだしで作る煮びたし。茎の部分と葉っぱの部分は、別々のタイミングで火を入れます。

青菜と相性のよい豚肉とさっと煮る常夜鍋。シンプルですが、寒い日にはいいですね。

おなじみのバターソテーやおひたし。

ゆでて大根おろしであえる。青菜の旬の時季に採れる柚子やかぼすの汁を搾れば本当においしいひと皿です。

青菜をかき揚げにするのもいいですね。

トマトをたくさん入れた小松菜のミネストローネ。

オイルで作るオイル蒸し。くったりするまで、火をしっかり入れるのがコツ。アンチョビーを加えてもおいしい
塩もみ。細かく切った塩もみ小松菜と玄米ご飯を混ぜる小松菜ご飯は、じゃこや素揚げした豆などを加えても美味。

それから、冷凍青菜。新鮮なうちに、ゆでた青菜の水気をよく絞り、小分けにし、冷凍しておきます。これを汁の実にしたり、おうどんの具にしたり、あえ物にしたり。

冷凍の青菜をごまじょうゆであえれば、青菜のごまあえに。朝早くに作るお弁当に重宝するひと品に。

冷凍にした青菜は、ゆでたてとはまた少し違う、ちょっと水分が抜けた感じがします。でもその繊維を感じるような味わいが、それはそれでおいしいものですし、小分けにしてあればさらに扱いやすいのです。

それから……

あらっ！　あんなにたくさんあった青菜が、すっかりなくなってしまいました。

塩もみ野菜の魅力

使いきれなかった青菜、あっという間に傷んでしまうきゅうり、たくさんいただいたゴーヤ、そんな野菜を長くおいしくいただくためにしておきたいのが、新鮮なうちに水分を抜くことです。野菜の水分を抜くにはいくつか方法がありますが、あっという間にできて、しかもおいしいのが、塩もみです。

適当な大きさに切って、塩をして、保存袋に入れた野菜を、ステンレスのバットに収め、その上にもう二、三枚のバットを重しがわりにのせて冷蔵庫に。塩はなめてみて塩からいと思う程度で。水を充分に含んでいるものは野菜の重さの三パーセントが基本ですが、かわいている野菜はもっと少ない割合にします。何回かやってみるとお好みの加減がわかってくると思います。全体によくなじませるのがポイントです。漬けているうちに、野菜の水分が出てきますから、食べる時はぎゅっと絞ってから。ここまでできていれば三、四日ほどおいしく食べられますし、応用も自在です。

そのままパリパリと食べても、サラダにしても、適当に塩がなじんでいておいしいのです。よく絞り、他の材料と一緒に炒めても、とてもおいしいのです。水分が抜けていますから、味も濃く、水も出ずに早くできることもいい。卵と薄切り塩もみきゅうりの炒め物などは大好きなひと皿です。

私がよく塩もみにしておくのは、小松菜、きゅうり、ズッキーニ、キャベツ、ゴーヤ、なす、クレソンなどなど。きゅうりなどは、斜めの薄切り、ころころした乱切り、蛇腹切りなど、切り方によって味わいが異なる塩もみ野菜になるのが面白いです。

また、唐辛子やみょうがや谷中しょうがなどの香り野菜を一緒に塩もみにしたり、何種類かの野菜を斜めにせん切りにしたものを合わせて塩もみにすれば、さらに気の利いたおそうざいになります。

ありあわせのもので気軽にできますし、なにしろ簡単なので、いろいろな工夫を試すことができるのも塩もみ野菜のいいところ。私が最初に塩もみを作ったのは小松菜だったのですが、いつのまにか、数えきれないほどレパートリーができてしまいました。

甘みにはメープルシロップを

料理をおいしく作るためには、調味料選びが大切です。塩、オリーブオイル、酢、みりん、どれもきちんとした材料で、納得できる過程で作ったものを選んで使っています。甘みのために使っているのは、白砂糖ではなくてメープルシロップです。

パンケーキなどの上にかけるメープルシロップですが、私は、濃い茶色のメープルシロップではなく、薄いこはく色のゴールデン（エキストラライト）という種類のものにこだわっています。

メープルシロップはメープルつまりカエデの樹液を集め、煮詰めたものです。四〇リットルの樹液がわずか一リットルになるまで煮詰めるといいますから、産地では大量の樹液が必要です。アメリカの北部からカナダのケベック州やオンタリオ州にかけては、広大なカエデの原生林が広がっていて、ここで採れるメープルシロップは質的にも世界一。

何も加えず、不純物を濾過するだけで、あとはひたすら火を入れて作られるメープルシロップは、精製されていないピュアな調味料である一方、カエデの樹木本来のミネラルを豊富に含み、精製して作られる白砂糖よりもずっと栄養的には優れているそうです。しかもカロリーは白砂糖よりも少ないのだそう。

メープルシロップの収穫は春先ですが、時期によって、色や味わいが変わります。エキストラライトは、もっとも早い時期に収穫した樹液で作られ、淡い色みとデリケートな風味が特徴。料理の味を決める甘みのためには、すっきりとして繊細な甘さを持つエキストラライトでなければと思っています。

メープルシロップは収穫が遅くなるほど、色が濃くなり、カエデの癖が強くなり、甘みの質が驚くほど違ってきます。

当然のことながら酸化防止剤は入っていませんので、開封後は冷蔵庫で保存。

私はキッチンでこの上品で軽い甘みを試してみたら、それ以来手放せなくなりました。いまや白砂糖の出番はめっきり減り、料理に使う甘みはもっぱらメープルシロップにしています。液体なので分量の調節がしやすく、他の調理料となじみのよいことも、使い勝手のよい理由です。

最高においしい肉の食べ方は？

お肉を一番おいしく食べるなら、牛肉でも鶏肉でも豚肉でも、なんと言っても「焼く」、これに限ります。

理想的には、昔の人がやっていたみたいに、薪や炭を熾して、その上でしっかり焼き色がつくように焼いて食べたい。

とは言うものの、日本では薪や炭で焼くのは難しいですから、魚を焼くロースターなどで、あぶっていただくのが、ふつうの家でできる一番おいしい肉の食べ方だと思います。

ガス台についている魚焼きグリルがある人は、ぜひ一度試してみてください。

魚焼きロースターがなければ、ガス火の上に網をのせても。煙は出ますが、ともかく直火でこんがり焼ければOK。

鉄のフライパンを煙が出るまで熱し、油を少しひいて焼くのもよいです。

中がちょっとレアで、表面はこんがりぱりっと。どうぞ、しっかり焼いてください。皮目の焼け具合と内側のちょっとレアな感じのコントラストがおいしいのです。

肉には何も味をつけません。

焼き上がったお肉は、自分の好きな塩とオリーブオイルや、わさびや、アリッサやしょうゆなどで好みの味をつけます。

ほどよく焼いたら、一番おいしい塩をつけて食べるのが私の基本。

そして、好みの部位のお肉を用意すること。ひとりならば、よいお肉を買っても、たかが知れているでしょう。たったひと切れのお肉でも、本当においしいお肉をいただければ、満足この上ありません。これでちょっとお酒を一杯。ワインならグラスで一杯。シンプルで大満足のひとりごはんです。

ものすごく簡単。ですが、これがお肉の最高においしい食べ方だと思います。

蒸し鶏は奥が深い

鶏むね肉やささみを蒸し鶏にすると、お肉料理だけでなく、鶏のうまみが水に落ちたおいしいスープも一緒にできるので、文字通り一石二鳥。塩をして、酒をふり、ねぎやしょうがなどの香味野菜やハーブを加えて、中に火が通るまで蒸します。

この蒸し鶏は、わさびじょうゆ、辛子じょうゆ、ポン酢などのほか、季節のハーブににんにくと塩、こしょう、オリーブオイルを加えて作るさわやかなグリーンソースを添えてイタリア風にいただいてもいいですし、長ねぎやしょうがのみじん切りにごま油、しょうゆ、豆板醬、粉山椒を加えた中華風のたれでいただいても。どんなたれやドレッシングでもたいていよく合います。

また、割くように手でちぎり、三つ葉や小松菜などとあえて食べても、ドレッシングであえて食べてもいいのです。割いたむね肉は、ベトナムの麵料理フォーやサンドイッチなどの具にしても。

ほかにも、しょうゆやにんにく、こしょうでマリネして、オーブンでカリッと焼き上げたあと、香草とライムを添えれば、夏の食卓によく合います。

蒸したあと鍋の底にたまっている鶏のスープは、味わい深い煮込み料理に欠かせない万能選手。雑炊、クスクスやカレーなどの煮込み料理にと、あっという間になくなってしまいます。

よく蒸し鶏を作るとパサパサになってしまう、という質問をいただきます。蒸し鶏でもゆで鶏でもそうですが、火が通ったお肉は、蒸し汁やゆで汁につけて粗熱を取ってください。ゆでたり蒸したりすると肉のうまみは汁の中に出てしまいます。冷める時に汁に漬けてあれば、うまみはしっかり肉の中に戻ります。汁に漬けておくだけで、しっとりとした仕上がりになりますよ。これは豚肉でもあさりのむき身でも同じです。

究極の放っておき料理でごちそう

その肉料理と出会ったのは、ポルトガルの高速道路のサービスエリアでした。ポルトガルはおいしい料理の多い国ですが、こんなところで、こんなにおいしい豚のローストが食べられるなんて！　と感動しました。

肉の繊維をお箸でホロホロと一本ずつほぐせるやわらかさ。ナイフもいらないくらいじっくり火が入っているのだけれど、肉のかたちがちゃんと残っている。「あれをまた食べたいな」とそれ以来、ずっと思っていました。サービスエリアの食堂ですから、きっと、ポルトガルではよく食べられる料理なのでしょう。

低めの温度のオーブンで長時間、豚の塊肉を蒸し焼きにしたら、同じようになるかもしれない、そう思って、ある日、一キロほどの豚肉の塊肉をしっかりした鍋に入れ、ふたをして、一四〇度のオーブンに三〜四時間入れておきました。そうしたら、まさに、ずっともう一度食べたいと思っていたものと同じものができたのでした。

塊肉なら、豚肉でも脂身の少ない牛肉でもＯＫ。牛肉のほうが少し時間がかかるようです。塊肉に塩とこしょうをして、好みのハーブやスパイスを加え、ふたをした鍋ごとオーブンに。長時間、入れたままにしておくわけですが、時間が来ればOFFになる電気オーブンであれば、そのまま出かけてしまっても大丈夫。三時間が四時間になっても仕上がりはどうってことはないくらい、むしろよりやわらかくなっている、というおおらかな、究極の放っておく料理です。

作り方がわかったら、今度は、トマトソースやワインで蒸し焼きにしてみたり、酒としょうゆで味をつけてみたり、そうやって楽しんでいます。

肉ににんにくをたくさん差し込んで焼くのもおいしいです。でき上がるとにんにくはとけて肉にしみ込んでしまいます。

ふたをしているから、オーブンがまったく汚れないのもいいでしょう。

こんがりと仕上げたければ最後にふたを取って、焼き色をつければOK。

タイマーなどで火の管理さえできれば、入れっぱなしにしておいても大丈夫。忙しい人には、ぜひ試していただきたい。なかなかよい調理法だなあと、今一番はまっている料理です。

冷蔵庫で作るおいしい一夜干し

冷蔵庫内が室内よりもずっと乾燥しているのを利用して、「一夜干し」をよく作ります。ステンレスのバットに網をセットしたら、三枚におろして骨を抜き、薄塩をした魚の切り身を置きます。ふたやラップはしないで、そのままひと晩冷蔵庫に入れておきます。すると、表面がうまい具合に乾いて一夜干しのでき上がり。

鰺はひと晩がちょうどいい加減。よく乾かしたければ、もう一日。鯛の切り身も、同じように一夜干しにしてみたのですが、おいしい干物ができました。焼いてすだちを添えれば、うまみが凝縮した焼き魚になります。生のものを焼くよりもひと味もふた味もおいしくなります。

この冷蔵庫で作る一夜干しは、あぶって食べても美味ですが、すでに水分が適度に抜けているので冷凍もできます。干してうまみが凝縮されているので、焼くだけでなくて、さらにいろいろなレシピに展開させることができます。

ほぐしてお茶漬けにしても美味。

春先の料理「鯛と筍のころも揚げ盛り、山椒風味」。これは、鯛も筍もそれぞれ、完結した別々の料理なのですが、盛り合わせたら春らしいごちそうになります。

鯛のほうは切り身の一夜干し。筍は薄味で煮たもの。ともに薄ごろもをくぐらせて揚げます。このふたつをかたちよく器に盛り合わせ、木の芽のみじん切りとか山椒をたっぷりふりかければ、でき上がり。

春なら鯛と筍ですが、魚は、夏だったら鱸、冬なら平目……お好み次第で、その季節の野菜と組み合わせれば、季節感のあるおいしい揚げ盛り合わせに。

二切れ入りでも三切れ入りでも、パックに入った一切れはその日のうちに食べて、残りは冷蔵庫で一夜干しにしてみてください。

ひとりだから、お魚を食べきれないとあきらめないで。この一夜干しは、残ったからこそできる、そんな遊びにも似た料理。「食べきれない」ということが、もっとおいしい食べ方のもとになっています。「やってよかった」という気持ちが持てると、身の回りを見る目が違ってくるはずです。生きているかぎり頭を使い続けると、ひとりであることは意外に楽しみも多くて、退屈な時間なんてきっとないのだと思います。

塩をして焼いて、それから

魚に塩をして焼く、お魚の塩焼き。だから今日は和食……

いえいえ、そうとは限りません。

魚は世界中どこの港でも揚がりますし、塩もどこの国にもあります。だから、魚に塩をして焼いた料理は、和食だけとは限らない。肉でも同じですが、料理というのは、そこから発展してこそ面白いものなのです。

かじきまぐろの切り身にフルール・ド・セル（大粒の天然海塩）をふって、こんがり焼く——ここまでがベース。これにみじん切りの玉ねぎをどっさりのせ、レモンを搾り、ケイパーとオリーブオイルで。これはどう見てもシチリア料理。しそをたっぷり入れた大根おろしにポン酢、と来たら和食のおかずです。このふたつは、ほとんどの焼いた魚で応用できます。

魚だけでなくて、お肉でも同じです。軽く塩をしてフライパンでゆっくり焼いた分厚い豚肉があったら、それをどうやって食べるのかは、さあお楽しみ。アリッサをつけると中東風に。わさびとしょうゆでもいいし、XOジャンでも……、どんどんいろいろな料理に発展していきそう。こういうことを試せるのは、家のごはんだからこそ。

塩をして焼く、そんなベーシックな調理方法のほうが、最終的に目新しくておいしい料理に仕上がるのだと思います。どんな調味料を使って、どんなふうにもっていくのか、それは、食べる人次第。おいしかった経験を思い出し、自由な発想で、試してみてください。そのために必要なのは、凝り固まっていないやわらかい頭。

お料理について言えば、完成したレシピを、そのとおりに作るのもいいのですが、逆に、目の前の素材を自分の発想でどうするかを考えるのも大切なのです。

もともとのレシピを発展させて自分の料理を考える。料理本は、ちょっと参考に見る程度で、あとは自分の頭や舌を使いましょう。

ひとり暮らしの醍醐味

お刺身が残ったら、ごまじょうゆに漬けておきます。一種の「漬《づ》け」ですが、しょうゆでなくて、ごまじょうゆ。

ごまは国産の金ごま。炒りごまを買ってきた時は、もう一度炒り直します。鉄のフライパンに入れ、ごく弱火で木しゃもじでかき混ぜながら炒り、指先でひねって潰れればOK。この時、ごまのよい香りがすれば、おいしいごまの証拠です。これを半ずりにし、しょうゆを少々。

ごまじょうゆに生わさびをおろして加え、お刺身を漬けておくのですが、酒の肴として、お茶漬けとしてとてもおいしいのです。大好きなお茶漬けができると思うと、いそいそと三つ葉を切ったり、香ばしいのりをもんだり。

ごまじょうゆは、ほかにもゆでたほうれん草などに合わせてもおいしいのです。その時は、しょうがのみじん切りを加えます。

ひとり暮らしをしていると、残った材料をどう保存するか、知恵を絞ることになります。

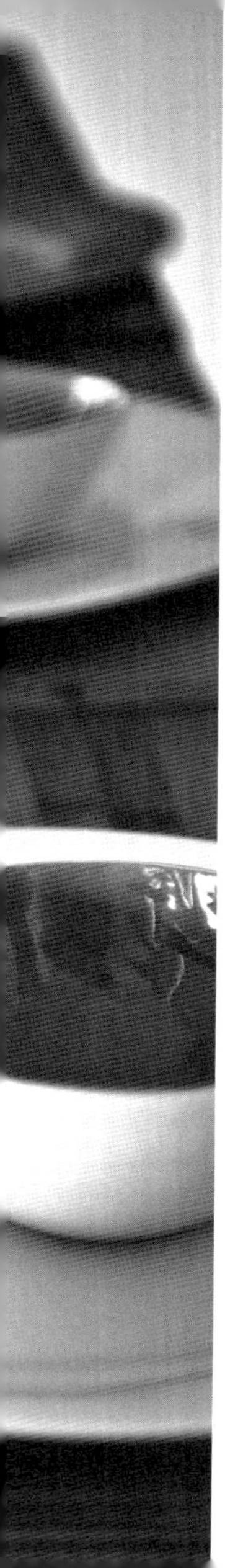

工夫や失敗を重ねるうちに、より深く素材のことを知るようになり、どんなひと手間を加えるのがよいのか、勘が働くようになってくるものです。

めんどうだと思うなら、どうしたら簡単にできるか考える。くいしんぼうなら、残りもので二倍おいしいものができないかと考える。それを「ひとり暮らしの醍醐味」、そう自覚できればいいですね。

途中までやっておくことが大切

作りおきがなくても、冷蔵庫に食材の下ごしらえを済ませたものがあると、ごはん作りはとても助かります。

便利なだけでなく、とくに傷みやすいものは、おいしいうちに手を加えておけば、うっかりダメにすることもありません。

たとえば、しらす干しやちりめんじゃこは、揚げたり、お酢につけたり、その程度のひと手間を。あるいは、ちょっと炒るようにして、少しのしょうゆを足しておく。ここに粉山椒でもふれば、いいごはんの友になります。

ひじきなどは、ひと袋をまとめて戻します。戻したぶんはしょうゆだけで煮て、冷蔵保存。さっと煮たもの、さっと炒めたものを小分けにすれば冷凍保存もできます。じつは海藻類は、戻すという作業が意外にめんどうで、そのために敬遠されがちな食材です。生わかめなども、戻して切っておくまでを前の日にしておけば、次の日は、おつゆに入れてもいいですし、炒め物にしてもおいしいでしょう。戻す必要がなければ、海藻はもっと使える食材です。戻す手間のいらないわかめも売られていますが、香りや歯ごたえがなくて今ひとつ。手間を惜しまずおいしいほうを選ぶかどうか、それはあなたの自由です。

野菜だったら、ちょっと刻んでお塩をしておいたものがあると本当に助かります。

要は、「下準備の時間」と「それを料理する時間」とを分けているのですが、それだけで、ずいぶんとラクになるものです。

ひとりの暮らしではとくに、そういうことを考えないと、材料を無駄にしがち。早め早めに少しだけ手を入れておくと、手軽に料理ができますし、気分がいい。

途中までやっておくためにとくに便利なのは、ぬか床。ぬか床があれば野菜の楽しみは何倍にもなります。漬けるというひと手間をしておけば、あとは、出して切って盛りつけるだけ。ぬか漬けは野菜を処理するひとつの道具ですが、おいしくて、体にもいいのです。

ご飯をおいしく食べるためのお櫃の話

ご飯は少なくとも二合から炊きます。一度には食べきれませんので、その日は炊きたてをいただき、次の一食分を冷蔵、さらに残りは冷凍保存しておきます。

冷凍保存のご飯は炊きたてを一食ぶんずつに分けて、ラップでふわっと包みます。これが適度に冷めたら、まとめて保存用コンテナかジッパーつきの保存袋に入れて冷凍庫に。食べる時に蒸せば、ホカホカのご飯になります。ポイントは、ご飯が温かいうちに、ふわっと包むこと。ぴっちりと包むと、ご飯つぶがくっついてかたくなってしまいますし、温かいご飯のほうが水分を含んでいるので、ふっくらと蒸し上がります。

それよりも、おいしいご飯のためにこだわりたいのがお櫃です。土鍋でも無水鍋でも、お米を選び、その管理がよければ、ご飯はおいしく炊き上がります。おいしさに差がつくのはお櫃を使うか否か。

私が使っているのは、「樽冨かまた」の秋田杉で作られたお櫃です。江戸時代から変わらない工程でていねいに作られたお櫃は、炊きたてのご飯を入れておくと、お櫃の木が余分な水分を吸い取り、やわらかく保ってくれます。ふたを開けると、ほんのり木の香りが立ち上るのもよいところ。杉のお櫃なら杉の、ひのきのお櫃ならひのきの、ご飯の味を引き立てるこの香りも、天然の素材を用いているからこそ。

ご飯を保温しておくだけなら電気炊飯器でもできます。が、ご飯をおいしく取っておくお櫃には、日本人のお米を大切に扱う姿勢と知恵が表れているように思えます。

もともと、お櫃は貴重なものや大切なものをしまっておく木の入れ物でした。それがいつしか、炊きたてのご飯を入れる道具になったのは、お米が貴いものであり、なくてはならない大切なものだったから——そう解釈したくなります。

お櫃は使う前には、必ず水にくぐらせておきます。そこに炊き上がったご飯を、大きくすくって入れます。お櫃に入れたご飯は、冷めてもおいしさが続きます。

天然の木で作られたお櫃は少々高めです。けれども、日本の米の文化を大切にし、そのおいしさを実感するために、お櫃を選ぶのはよい選択だと思います。

おいしいみそ汁のためならば

おいしいみそ汁には、煮干し系のだしが私の定番。

ガラスかステンレスの容器に水を入れ、苦みのもとになる腹わたを取り除いた煮干しを加えます。水一カップに煮干し七～八尾ほどの割合。ふたをしてそのままひと晩（十時間以上）おいて、翌日、絞ったさらしのふきんで漉して、少し濃いめのだしを取ります。

煮干しは煮だすとえぐみが出ますが、水でじっくりうまみを引き出せば、甘みやよい香りが引き出され、この上なく上品なだしが取れます。

なんということもないふつうのみそ汁も、こうして取った煮干しだしで作れば、おいしさが際立ちます。おいしいみそ汁ができれば、外食よりも家のごはんがいい、という言葉が自然に出てくるでしょう。

おいしいだしを取るためには、良質な煮干しを選ばなければなりません。煮干しはよく乾燥していて、全体的に銀青色に輝き、見た目にも美しいものがおすすめです。黄色がかっているようなものは酸化していることが多いので気をつけましょう。そのまま食べておいしいものなら間違いありません。

腹わたを取り除く時は、煮干しのお腹を割くと見える、頭までつながっている黒い部分とエラの下にある黒い部分を指でちぎり取ります。頭は骨ですから、よいだしが出ます。残してください。煮干しにはごく細かい骨があり、指に刺さることがよくありますので、気をつけて。

私は煮干しをひと袋買ったら、まとめて全部の腹わたを取り除いて、冷蔵庫に入れて保存します。娘に紹介された香川の「やまくに」のいりこのおっちゃんが作った煮干しを使っていますが、これを水に入れるだけで煮干しの水だしが取れるというわけです。

一種類の具を味わうみそ汁

だしとみそがおいしければ、みそ汁の具はひとつだけで充分です。

煮干しの水だしを温め、越後みそをとき入れて、煮えばなにみょうがの薄切りをぱっと散らす。みょうがのさわやかな香りとシャキシャキとした歯ざわり。暑さも忘れるおいしさです。

春先の淡い緑の匂いがする、さやえんどうだけのおみそ汁も大好物です。

一種類だけの具の味わいを存分に楽しむみそ汁は本当においしいと思います。みょうがやさやえんどう以外にも、ねぎだけ、菜の花だけ、きのこだけ、ごぼうだけ、キャベツだけ、と好きな一種類の具は、無数にあります。きちんと取った煮干しのだしに、好みのおみそ、そして、好きな野菜。これ以上はないくらいシンプルな汁物ですが、そのぶん、すべて妥協のない材料で作りますから、おいしさが贅沢に際立ちます。自分のためだけの最高のみそ汁です。

味の決め手は、きちんと取っただしです。だしは冷凍保存できますから、まとめて取って、作りおきしておけばいいと思います。だしはもとより、みそも具も、本当においしいと思えるものでなくてはなりません。

これ以上ないいくらい簡単なものだけれど、じつはきちんと手間をかけている。シンプルな料理とはそういうものです。

いつでもかつおだし

私の本を読んでくださると何度も繰り返し出てくるお話、そしてこれだけはたくさんの人に伝えたいのが、だし汁の話です。

かつお節のだし汁は、それがなかったら和食は成り立たないと思うほど利用範囲が広いもの。汁物、煮物はもちろん、あえ物、ご飯物、麺類など、多くの料理のベースです。かつおだしは昆布だしと合わせると深みが出ますが、上質な血合い入りのかつお節を使えば、それだけで充分コクのあるだしが取れます。

かつお節のうまみを引き出しただしを取るために、かつお節一袋（一〇〇グラム）で一〇カップぶんのだし汁をまとめて取り、小分けにして冷凍保存しておきます。

（1）分量の水を火にかけ、煮立つ直前にかつお節を入れて火を止め、箸で沈めて（でき上がり一〇カップぶんの材料の分量は、水一一カップに対してかつお節一〇〇グラム）七分ほどおく。中心にスプーンを入れ、静かに底まで沈ませてだしをすくい、味を見る。味が足りなければさらに二〜三分おく。水の味からだしの味に変わる時があるので、その瞬間を逃さずに。

（2）ボウルに浅ざるをのせ、さらしのぬれぶきんをかけ、（1）を静かに流し入れて、自然にだしが落ちるのを待つ。ふきんの端は上にあげておく。

一〇カップと言うととても多いように感じるかもしれませんが、ひとり暮らしでも、吸い物に、煮物に、麺類に……と数日で使いきってしまう量です。

かつお節には血合いの入っているものとそうでないものがあります。血合い入りのかつお節のだしは、こはく色で味わいも濃いめ。煮物やつゆなどにはこちらが向いています。血合いの入っていないかつお節のだしは、さっぱりと上品な味わいに仕上げたい時に使います。

おいしいだしほど傷みやすいので保存は慎重に。四方にストッパーがついてきっちりとふたの閉まる容器に入れて冷凍庫へ。臭いがつきやすいのでジッパーつきの保存袋は使いません。冷凍庫の温度は、マイナス一八度以下がよいのですが、それができないなら、臭いがつかないうちになるべく早く使いきるのがおすすめです。

保存容器は、大小さまざまなサイズのものを使うほうが便利です。料理に応じて使うだし汁の量も違いますから。たとえば、ひとりぶんで汁物ならだいたい一カップ、煮びたしなどはだいたい半カップ。それを目安に適当な大きさの容器を準備し、容器にだし汁と日付、容量も明記しておけば完璧。

使う時はできるだけ自然解凍で。凍ったかつおのだし汁は外側から融けていき、中心部分が最後まで残ります。でも、この中心の凍った部分は、食べてみるとわかると思いますが、水が多い薄いだし。先に融けた外側の部分は、濃いのです。

濃いだしの味わいがあったほうがおいしい天つゆや麺つゆ、ポン酢、二杯酢、三杯酢などに用いる時は、なかなか融けない中心部分の氷は使わず、先に融けた濃い部分を使うとよいでしょう。冷凍だしが融けていく様子を観察して、味わってみて、わかったことです。

冷凍のかつお節のだしがあれば、ごはん作りが格段にラクになります。温かいうどんや炊き込みご飯や吸い物がすぐにできるのはもちろんですが、遅い時間に疲れて帰ってきた時も、ちょっと小腹がすいた時も、すぐに軽いごはんが整います。

かつお節のだしを温めて塩としょうゆで味つけした汁を、温かい白飯にかけ、ごまともみのり、わさびを添えれば極上の「汁かけご飯」に。また、青菜をかつお節のだしでさっと煮てだしを含ませる「青菜の煮びたし」もほっと落ち着けるひと皿です。

お肉の冷凍はマイナス一八度以下で

買ってきたお肉が残っても、それを別の日においしく食べられればいいですね。そのためには、上手に冷凍しておくことです。

私の場合、牛肉はこんなふう。やわらかくておいしい牛肉は、六〜七ミリ程度の厚さに切り、一枚ずつラップに包んだあと、保存容器に袋に入れてまとめて冷凍しておきます。肉とラップの間に空気を入れないようにぴちっと包むことが肝心。劣化の原因となる霜をつけないためです。

食べたい時に、一〜二枚を自然解凍させて、ささっとあぶるように焼きます。これを好みの調味料やスパイスで味つけすればでき上がり。この薄さと大きさがちょうどよくて、扱いやすいのです。

脂身の少ない鶏むね肉は買ってきた塊のまま、ぴっちりとラップで包んで、切り分けることなく冷凍します。使う際には、冷蔵庫でゆっくり解凍して。

鶏もも肉は脂を取り除き、筋切りをして一枚を三、四つにそぎ切りにしておくとあとで使いやすいです。これも一枚ずつ空気が入らないようにラップでぴっちり包み、さらに保存容器に入れて冷凍します。これをソテーしてお弁当に詰めることがありますが、ひとり暮らしの食事は、お弁当作りにも向いているということですね。

わが家の冷蔵庫には、いつもこうした冷凍のお肉がいくつか入っていて、買い物に行かなくても「何かしらある」状態にしています。

しいて言うなら、お肉は、きちんと温度のコントロールができる冷凍庫で保存しておくのがベストです。庫内の温度が変化することなく、一定に保たれていて、マイナス一八度をキープできるのが理想です。

お肉をまとめて入れてある保存袋には、必ずお肉の名前を記しておきましょう。冷凍してしまうと、なんの肉なのかわかりにくくなってしまいます。

ひき肉で冷凍食品を作る

冷凍食品を買うことはありませんが、自分で手を加えて冷凍しておくことは日常茶飯事です。その代表選手は、自分で作るひき肉料理の冷凍食品でしょう。

ひき肉を買ってくると、まずは水分がよく飛ぶまでしっかり炒め、塩、こしょう、またはしょうゆだけで味つけしておきます。二、三日なら冷蔵保存で使いますが、もっと長くおきたいと思ったら冷凍に。冷凍保存で大切なのが、一回ぶんずつ小分けにすること。ひとつを解凍するだけで、そのまま食べてもいいですし、あんかけにする、スープにするなど一回ぶんの料理に重宝します。忙しい朝オムレツを作るのも、一回ぶんを夜のうちに解凍しておけばいいので簡単。

冷凍する時のもうひとつのポイントは、ラップで包むにしても、保存袋に入れるにしても、薄く伸ばして入れること。私はこれを冷凍庫のひきだしの中に立てておきます。立ててあると、スペースを取らないですし、すっと取り出しやすいからです。

冷凍庫がマイナス一八度以上にならないように温度管理することも大切です。そして、保存袋は二重にして使うこと。これは臭いがつかないようにするため。

食材にはなるべく霜がつかないように気を配ります。そのために、ラップで包む時は、空気が入らないように、ぴちっと包みます。

ひき肉は、小さな揚げ肉団子にして冷凍しておくこともあります。揚げ物は油を用意したところで、いっぺんにいろいろまとめて揚げてしまいます。野菜のかき揚げあたりから始めて、だんだん肉や魚となってくるのですが、ひき肉があったら小さな肉団子をその流れにまかせてちょこちょこと作ってしまいます。

肉団子は何個かまとめて、密閉容器に入れて保存。これも保存袋に入れるなら、必ず二重にしてください。霜がつかないうちに食べてくださいね。

ここまで、肉の冷凍のお話をしましたが、ほかにも、油揚げ、納豆、卵、あさりやしじみも冷凍しておくと重宝する食材です。

魚の冷凍保存のコツ

食材はたいていそうですが、とくにお魚を取っておくためには、まず、水分を出すことです。

鰯などとくに傷みやすい魚は、一夜干しにすると冷蔵庫に臭いがつきます。ですから、私は鰯は一夜干しにはしないで、塩をして冷凍します。

内臓を取り、お腹の中を水できれいに洗って水気をふき取り、三枚おろしか丸のまま軽く塩をふり、脱水シートで包み、さらにアルミホイルで包んで一枚（一本）ずつ冷凍します。脱水シートの威力は大きくて、これに包んでおけば解凍される時に出てくる生臭い汁をすべて吸い取ってくれます。

ささいなことですが、切り身一枚ずつにしてあればすぐに冷凍できますし、解凍するときも、使うぶんだけ取り出せばあっという間。ともかくラクなのです。

脱水シートで包み冷凍保存した鰯は、生の鰯と同じようにいろいろな料理に使えます。軽く粉をつけて、焼いたり、揚げたり。また、すりみにしてつみれを作ったり。

イカも同じです。わたも皮も全部取ってきれいにそうじができたら、塩をふり、水分を取って、一枚ずつ冷凍しておきます。

ここまでできていれば、いつでもおいしいイカの刺身ができます。

この作業のポイントは、買ってきたその時にすること。お腹に内臓が入ったままひと晩たったものではもう遅いので、冷蔵庫の中にほうっておかずに、その時に手を動かしましょう。

買ってきたパックに二尾入っていたら、一尾は食べて、もう一尾の食べきれなかったぶんは、すかさず保存に回します。冷凍するのが十尾、なんていうと大変な作業ですが、一尾だったら、十分もかからないでしょう。

明日へのお楽しみとして手を動かせば、それほど億劫でなくなります。

ひとりでも揚げ物

かき揚げは、一個や二個を作るのには向かない料理です。けれでも、自分で作れば、好きな素材を組み合わせることができますし、できたてのアツアツはやめられない。ですから、私はひとり暮らしにもかかわらず、かき揚げをよく作ります。

かき揚げのタネの分量は、加減することなく、作りやすいだけ用意します。

最初は、その日にいただくふつうの大きさのかき揚げに。残ったタネは、小ぶりに揚げて、ひとつずつラップで包んで冷凍保存します。

この冷凍のかき揚げが、意外なほど便利なのです。ここまでできていれば、麺をゆでるだけで、天ぷらうどんや天ぷらそばがあっという間にでき上がります。

もちろん、温めて、少ししょうゆをまわしかけると小さなおかずがひと品でき上がり。小さいので解凍しやすいのです。

もちろん揚げたてというわけにはいきませんが、ひとり暮らしというのは、こういうものがとても重宝。

おなじみのエビのかき揚げも香り豊かな三つ葉や春菊と合わせれば、色もきれい。夏にはそら豆とホタテ、冬なら大豆とごぼうなど。とうもろこしだけのかき揚げもおいしくて大好き。かき揚げは、応用自在なのも魅力なんです。どんな素材を揚げるか、どんな組み合わせがおいしいかを考えるのも楽しいです。

じつは冷蔵冷凍庫は3台あります。1台はワイン
専用、1台は冷凍専用、1台はふつうの冷蔵庫。
ひとり暮らしでも大きい冷蔵庫が便利です

かき揚げはその日食べるもの以外に、
冷凍用に小さく揚げたものを作ります。
こういうものがあると便利この上なし!
→ p63

高久さんのぬか床鉢は使い勝手のよさに
加え、この美しさと大きさがお気に入り。
一生もののぬか床鉢です→ p77

初夏は梅ジュースや梅干し作りに精を出す季節。自分で漬けた梅干しは、どこのものよりおいしいのです→ p89

1

2

3

4

5

9

元気なぬか床があれば、すぐに野菜のひと皿のでき上がり。深く漬かった漬け物は「かくや」にします→ p130

1 ぬか床からきゅうりやセロリなどの野菜を取り出します

2 洗ってぬかを落とします

3 深く漬かった野菜はこんな色みに

4 薄く切って、水につけて塩出しします

5 その間にしょうがをたっぷりおろしておきましょう

6 塩が抜けたら、しっかりと絞って

7 しょうがを加えて混ぜます

8 先の細い盛りつけ箸できれいに盛れば

9 おいしい「かくや」のでき上がり！

6

7

8

美しいものはおいしい、だからキッチンでは五感を総動員します→ p100

なんでもおいしくなるみそ漬けやかす漬け

みそ漬けやかす漬けは、野菜、魚、肉、基本的にどんなものでも作れます。みそ漬けは一〜二日で食べられるものから、かす漬けは一〜二年漬けたままにしておいてもいいものまであって、扱いやすいし、しかもおいしいのですから。

みそ漬けには、みそだけの「みそ床」、みそに酒かすを合わせた「みそかす床」があります。わが家では、みそと酒かすだけが基本。少し甘みがほしければ、メープルシロップを加えます。

水気の多い野菜は、塩をしてしばらくおいて水分を抜いたり、軽く日に干してから漬けることもあります。要は水分を抜くことが肝心なので、どちらの方法でもよいのです。

肉や魚は食べやすい大きさの切り身にしてから漬けます。

ガーゼなどで材料を包み、直接、みそや酒かすがつかないようにします。バットにみそや酒かすを敷き、ガーゼで包んだ野菜や肉、魚などの材料をのせ、その上を残りのみそや酒かすで覆い、ラップを密着させてふたにします。

ある時、どこのキッチンにもあるごみネットを見て、「あっ、これだ！」とひらめきました。このネットに、肉や魚の切り身や野菜など材料を個別に入れて、みそやかすの中に漬ければいい、と。ひと切れずつ入れれば取り出しやすく、ネットの端をつまんで引き出せば、みそを除く必要もなく、肉や魚は、そのまますぐ焼くことができます。そして引き出したあとも、床が崩れず始末がいいのです。ですが、見た目が美しいわけではないので、もう一考を要します。

漬けすぎると味が濃くなるので、肉や魚の場合、ほどよく漬かったら床から出して、一枚ずつラップで包み、保存容器やジッパー付きの保存袋に入れれば、適度な加減に漬かったみそ漬けを冷凍しておけます。野菜や肉、魚を漬けたあとのみそは、みそ炒めなどにして、残さずいただきます。どうやって最後まで使いつくそうか、食べつくそうか、それを考えるのも楽しいのです。

こだわりのグリーントマトのかす漬け

冷蔵庫には、二年もののグリーントマトのかす漬けがあります。グリーントマト？　耳慣れない野菜だと思います。身がかたくシャキッとした歯ごたえに青々とした酸味があります。このかす漬けは小さな宝物です。

グリーントマトはかす漬けにする前に、まず塩漬けにします。ところが丸くてつるつるしているので、なかなか塩がうまく回りません。最初はうまくできずに、いい状態に漬かりませんでした。二回目以降は半分に割って種を取って、塩漬けにしています。半分になっているから、ころころせずに落ち着くでしょう。皮はむきません。水気が抜けて、しなしなになったら、それをきゅーっとよく絞って、半日ほど日に当てて、ドライトマトよりしっとり、干した杏やプラムのような感じになるくらいまで乾燥させます。

この干しトマトを酒かすに入れて待つこと一年。手間と時間がかかりますが、ともかくおいしいのです。コリッコリッとしていて、とっておきの酒の肴です。

グリーントマトのかす漬けは、ある時、山の家の近くのトマト農家さんがお茶請けに出してくださったものがヒントになっています。その時いただいたものはとても甘かったのですが、グリーントマトをかす漬けにするとこうなるのが面白くて、甘みを加えないかすで漬けてみたいと思ったのです。

それまで、うりやきゅうりをかす漬けにしていたので、同じようにしてみよう、と。

かす漬けを作るなら、お弁当箱くらいの大きさのタッパー一個ぶんを冷蔵庫に常備することから始めてみるのがいいと思います。少量ならば負担になりません。くれぐれも、かすはおいしさにこだわって探してくださいね。まだお酒が絞れるくらいのクリーム状のやわらかいかすがおいしいです。

理想のぬか床鉢

以前から、使い勝手がよく、かっこいいデザインのぬか床鉢を探していました。私のぬか床は、きゅうりが横に入るサイズが基本です。きゅうりはぬか漬けにする基本的な野菜で、一番長いでしょう。

ある程度の量のぬかが入る深さがあり、しっかりと底まで手を入れてかき混ぜやすいかたち、きゅうり二、三本となす二個程度がちゃんと収まる大きさがいいと思っていました。清潔にしておきたいので、汚れがつきにくく、絞ったふきんで拭けば簡単にきれいになるというのも大切な条件です。色や臭いがつかないことも大事です。

このように理想のぬか床鉢には、いろんな条件があったのですが、それを叶えてもらったのが、今わが家で使っている高久さんの白磁のぬか床鉢です。美しい白で、白磁ならではのつるんとした表面、ぬかが充分に入り、しかもかき混ぜやすい楕円形です。ふたも同じ白磁なので一体感があります。いつもキッチンの片隅に出したままになっていますが、誰もこの白い磁器を、まさかぬか床鉢だとは思わないようです。

ふつうのホーローのぬか床鉢に比べるとかなり高価ですが、気持ちよく使えるほうがいいので、私にとっては理想のぬか床鉢です。美しいので出しておけますし、出しておけるから手入れが行き届く。

最近、同じ白磁で、梅干し用の鉢もお願いしました。機能性と美しさの両方を備えた美しい鉢に大満足なのですが、さらに白磁の重しも作ってもらいました。白磁の重しなんて贅沢ですが、オブジェのようでとても美しいし、底を真っ平らにしてもらったので、安定して重ねられるし、座りもよい。浅漬けもとてもラクに作れそう。

白磁のキッチンウエアは少々高価ですが、それを本当に楽しんで、充分に使いこめば、食卓も人生も豊かになると思います。

ぬか床を元気にするために

旅行中、あるいは猛暑の続く夏の間、冷蔵庫に入れたままのぬか床は、なんとなく元気がなくなります。くたびれてしまったぬか床を再生するために、私はこんなふうにしています。

まず、床の中のぬかをすべて、大きなボウルに移します。そして、下のほうから大きくかき上げ、混ぜます。三十回ほど、全体が空気を含むように大きく手を動かしてかき混ぜてください。

それを一日一回、三日も続けると、ぬか床が見違えるくらい元気になります。

野菜を漬ける時は、ぬか床鉢の下のほうに入れます。よく上のほうに野菜を置いて、上にぬかをかぶせるように漬けているという人がいますが、ぜひとも野菜は鉢の底のほうに埋めるように入れてください。そうすると、取り出す際には、手を奥に入れますから、自然にぬかがしっかり混ざります。

ぬか床は生き物です。ちゃんと世話をすると必ず応えてくれます。

夏のいちじく仕事

食事の終わりを締めくくるデザートに、旬のフルーツをたくさんいただきます。

ふだんは、あまりお菓子を食べないのですが、フルーツとなると話は別です。フレッシュなものをそのままいただくだけでなく、さらに、煮込んだり、漬けたり、冷凍したり。季節ごとにそんなことをしているうちに、暦のようにめぐってくるフルーツの仕事がいつしか暮らしの大切な楽しみになりました。

たとえば、旬が短いいちじくはコンポートよりもこってりとしたグラッパ煮に。

じつは、コンポートを作ろうと煮ていたのですが、うっかり焦げそうになり、あわててグラッパを入れてみたら、贅沢な香りに包まれた、こってりしたいちじく煮ができました。以来、グラッパ、ブランデー、ヴィンサントなどのお酒で作って楽しんでいます。

いちじく十個ならば、丸ごと鍋に並べ、¾カップのグラニュー糖をかけて、強火にかけます。大さじ2〜3の水を加えて、ときどき鍋をゆすりながら、砂糖と水がぶくぶくと泡立ち、カラメル状になるまで煮詰めます。いちじくはかたちを崩さないように。さらにスパイスを加えて作る時もあります。

このいちじくのグラッパ煮はそのままでも濃厚で美味ですが、アイスクリームやホイップクリームを添えればうっとりするようなひと皿になります。あっという間に旬がすぎてしまういちじくですが、煮込んだものを冷凍しておけば、いつでもいただけます。

晩秋のりんご仕事

秋になると出まわり始めるりんご。たくさんりんごが手に入ったら、まとめて煮ておきます。

りんごにはいろいろな種類がありますが、煮るのに用いるのは、紅玉、秋映、ふじなど。皮はむいてもむかなくても。深い赤色を生かすなら、皮つきで煮ますが、その時は、無農薬のものにこだわったほうがよいでしょう。

なるべく新鮮なうちに煮てください。そのほうがペクチン（加熱すると出てくる汁、ゼリー状になる素）がよく出るからです。箱詰めのりんごが届くと、ついつい煮りんごはあとまわしになりがちですが、なるべく早めに取りかかるのがおすすめです。

りんごは洗って皮ごと六〜八つ割りにして、レモン汁とグラニュー糖をふりかけ、しばらくおきます。これを汁ごと鍋に入れて中火にかけ、落としぶたをして煮ていきますが、鍋にたまった汁がぶくぶくと泡立つようになったらでき上がり。この汁がペクチンです。

でき上がった煮りんごは、粗熱をとって保存容器に収めるのですが、重ならないように一列に並べ、重ねる時は、間にラップを敷きます。このまま冷凍しておけばＯＫ。

りんごのやさしい甘さと酸味がきいた煮りんごは、こうして作りおきしておくと、とても便利なんです。バターケーキに入れてもいいですし、パイの生地があれば手のかかる「タルトタタン」も簡単です。

また、ペクチンを生かせば、お正月に欠かせない「りんご羹」もすぐに作れます。

さらに最近は、この煮りんごを干しりんごにするのにはまっています。干すことで水分が抜けた煮りんごは、甘酸っぱさがより強くなりおいしさが増しますから、これをチョコレートがけにしたり、甘い食前酒と合わせたり。しいて言えば寒風に十日間さらすというのが手間ですが、それだけのことはある美味なのです。

冬から春のレモン仕事

いつもお取り寄せしているもののひとつがレモンです。瀬戸内海の岩城島にある脇農園さんのレモンは、おだやかな酸味と野生的な風味が魅力。大粒で、よくもんでぎゅっと搾ればジュワッと汁が飛び出します。農薬は最低限しか用いず、ワックスも防腐剤も使っていないので、安心して皮ごと食べられるのです。

このレモンで作るのが、レモンの甘煮です。皮つきで輪切りにしたレモンにグラニュー糖（レモン一個に大さじ2）をふりかけ、水気が出てきたら、弱火にかけて、黄金色になるまで煮ます。皮の香りやおいしさを楽しむ甘煮なので、ワックスや防腐剤を使っていない国産のレモンでなければできません。

レモンの甘煮は、レモンのケーキを作るのに使ったり、デザートやお茶請けにどうぞ。チーズに添えて食べても、とてもよく合います。レモンの甘煮には、甘さと酸味のほかにほろ苦さがあって、それがチーズと相性がぴったりなのです。

ガラス瓶に入れておけば、冷蔵保存も冷凍保存もOK。

さて、レモンの旬は冬の初めから春先まで。取り寄せればたっぷり届きますので、新鮮なうちに汁を搾って冷凍保存します。そうしておけば、おいしくて安全なレモン汁を一年を通じてほしい時に使えるのです。

ノーワックスのレモンなら、皮は黄色いところだけそぎ、これも冷凍できます。汁と皮を別々に保存するのがポイントです。

お酢ではなくて、やっぱりおいしいレモン汁でなければ、ということはよくありますので、小さなガラス瓶にたくさん冷凍しておけば便利です。ただ、私はほかの柑橘類の汁も同じように冷凍していますので、必ず何の汁なのか書いておきます。柑橘果汁は一年を目安に使いきりますが、プラスチック容器ではなく、必ずふた付きのガラス瓶で保存しています。

春のいちご仕事

春の仕事はいちごを煮てジャムを作ること。

一度に煮るのは、一パック。簡単に始められるのがいいでしょう？　一パックでだいたい小さい瓶ひとつぶん。砂糖は果物の量の五〇パーセント、すっきり仕上げるためにグラニュー糖を用います。

鍋に入れたいちごに、グラニュー糖をふりかけ、水分が出たら中火にかけます。ていねいにアクを引きながら煮ていきますが、途中で、いちごをフォークの背でつぶします。仕上げにレモンをギュッとひと搾り。

しっかり煮詰めてある濃い味わいの、私好みのジャムが完成します。このジャムは、パンにつけたり、お菓子に入れたり。

ヨーグルトに添えたり、スコーンにつけるには、もう少しあっさりしていて、いちごのかたちが残っているプレザーブのほうがいいのです。そこでフォークでいちごをつぶす前に、取り分けてしまうこともあります。

というわけで、わが家のいちごジャムは粒のままとつぶれたものと二種類。
フルーツのジャムは、たくさん作りすぎると飽きるものですが、いちごと杏は一年ぶんと思って作っても、いつも足りなくなるくらい出番が多く、おいしいのです。

実山椒を一年中楽しむ

初夏、ごく短い時期に店頭に並ぶ実山椒は、緑がきれいな時期にまとめてたくさん買います。この実山椒、半分は独特の辛さや香りを楽しむためにぬか床に入れます。残りはできるだけ新しいうちに軽くゆでて、空気が入らないように、ぴっちりラップで包み、それをまとめて、保存容器に入れて冷凍しておきます。空気に触れないようにしっかり包んでおけば、色も香りもそのまま保存しておけます。

牛肉のしぐれ煮も魚を煮る時も、この冷凍の実山椒があれば、香りよくおいしく仕上がります。

実山椒だけを甘辛く煮て佃煮にしても。ちらし寿司に加えても、お茶漬けに入れても味がしまります。酒と塩で炒り煮にしても。

ぴりっとする香りは山椒ならでは。ほかの香り野菜ではかわりはつとまりません。上手に保存できれば、一年中使えるので、本当にありがたいです。

私の梅仕事

梅にまつわるさまざまな仕事は、梅雨に入る直前、青梅のシーズンから始まります。

まず青梅はぬか床へ。大きめの実をひとつかみほど、穴などもあけずに入れます。そのままずっと入れておくと、ごろごろとして邪魔ではありますが、漬け物はおいしくなりますし、半年ほど入れたままにしておき、深く漬かったら取り出していただきます。これがコリコリしていて、とてもおいしいのです。

残りの青梅は、シロップ漬けにします。洗って水気を取ったかたい実は、へたを取り、まな板の上に置き、もう一枚のまな板で叩くように割ります。パカっと口を開けた青梅を、ふた付きの瓶に入れて、蜂蜜やメープルシロップをかぶるくらい注ぎ入れて冷蔵庫に。ひと月ほどおくと梅の酸味が溶け出したシロップができ上がります。これを炭酸水で割って飲むのは真夏の楽しみ。蒸し暑さを吹き飛ばすスカっとするおいしさです。

しっかりエキスを出し終えた、残りの梅もかりかりとした素朴な甘みのお茶請けになります。

さて、青梅に少し遅れて、南高梅の季節になると、梅干し作りが待っています。最近は若い人の中にも、梅干しを漬ける人がふえてきました。わが家でも毎年必ず、大粒の南高梅で梅干しを作ります。漬け方は、『うちのおつけもの』（文化出版局）という本で詳しく説明していますので、そちらをごらんください。

梅干し作りでとても役立っているのが、直径四〇センチほどもある、目がとても粗い根曲がり竹の平ざるです。このざるは、目から梅が落ちてしまうのではないかと思うくらい粗目なので、下のほうからも空気が入り、梅をひっくり返す手間がいらないのです。また、二キロの梅が一面に広がる大きさなので、四キロなら、このざる二枚ぶん、というように分量の見当もつけやすいのも、気に入っている点です。

もうひとつ、梅干し作りのお楽しみは、梅が漬かるとともにしみ出てくる梅酢。しそを入れる前の白梅酢と美しい濃紅色の赤梅酢。この梅酢は、夏場のご飯に加えれば香りよくつややかに仕上がりますし、おにぎりを握るときのお酢のかわりに、魚の臭い消しに、美しい赤い色を生かしてしば漬けに用いたり、新しょうがやみょうがを漬けたり、とても便利。

でき上がった梅干しで作る大好物は、「梅うどん」。温かいかつお節の薄味のおだしにおうどん、大きな梅干しをのせて、細く細く切った油揚げ、あとはちょっと青ねぎを。フルーティーな酸味とだしのおいしさが際立つ梅うどんは、うちで作った梅干しでないとできません。
初夏の梅仕事はとくに、楽しい年中行事にできれば素敵だと思います。

みんなでたくあんを漬ける

自分で作ったほうが断然おいしいもののひとつが、たくあんです。

けれども漬けるとなると、少なくとも十キロは漬けないと。どんなにおいしくても、十キロなんて、まさかひとりでは食べきれません。

それでも、おいしいたくあんを食べたいなら、みんなで漬けて、みんなで食べればどうでしょう。おいしいたくあんを食べたい人が集まって、グループで漬けるのです。

たとえば、別々に住んでいる家族や親戚、ご近所さん、お友だち、仕事先の仲間。私の場合はスタジオの仲間と一緒にひと樽漬けて、みんなで分け合います。

一緒にひと樽のたくあんを漬けて、それを口実に行ったり来たりすれば、いいお付き合いができそうです。たくさん作ってあれば、それを食べたい人が持って帰るというお付き合いもできます。

「一本、もらっていくよー」

「どうぞ!」

みんなで漬けることから関係が生まれるということはとても素敵でしょう？　たくあん用の大根は、生産者や産地によって本当にさまざまです。ですから、どの大根にするか決める時は、みんな真剣そのもの。毎年全員で話し合って、どこから買おうかと相談します。

一番苦労しているのは樽の置き場所でしょうか。大きいですから。

二人でも三人でも食べたい人が集まって、みんなでやってみる。たくあん作りは、それができる格好の食べ物だと思うのですよ。

でき上がったたくあんは、当然ながら買ったものとぜんぜん違います。日本人だったら、こういう味をぜひとも知っていてほしいとしみじみ思います。

ハーブを育てる?!

　バジルやしそは、ぱりっとした新鮮な状態を保つのが難しい香り野菜です。それを上手に使うために、私のスタジオでは、バジルやしそは「育てる」ものです。プランターで育てているわけではありません。もちろん、土に根づいたものがあれば、それに越したことはありませんが。

「育てる」というのは、料理前に行う、しそやバジルの養生のことなのです。バジルもしそも、使う時にはぴんとみずみずしいものでなければ、おいしくありません。しなしなのバジルのカプレーゼやへたったしそのせん切りの天盛りなどは、ないほうがいいくらいでしょう。

　バジルの場合、まず、ラバーゼのバットにざるをセットします。ざるは、粗い目の平編みで編まれていて、平たいものを。そこに水をざるより少し上まで張ります。この網の目の交わる十字になったところに、バジルの茎を突き刺します。そうすると、茎がぱくっと割れて、そこから、ぐいぐい水を吸い上げます。活け花で、枝物の水の吸い上げをよくするために、茎の端に十字の切れ目を入れるのと似ています。そのままひと晩、冷蔵庫にバットごと入れておくと、朝には、しなしなのバジルがうっそうと茂ったようにいきいきとしています。

しそのほうは茎が細いので、網目に突き刺すことはできません。こちらは、お花と同じように茎の先で水切りをします。小さいボウルに小さいざるを重ねて、しその葉がぬれない程度の水を入れます。水切りしたしそは、ざるに挿すようにして茎の先だけを水につけます。しその葉は、ぬらすと黒くなってしまうので要注意。ざるがあれば葉が安定して立ち、水につかることもありません。こちらも、そのままふたをして冷蔵庫に入れておくと、翌日はぴんと生まれ変わっています。

葉っぱだけ束にして売っているものも同じようにして水を充分吸わせます。

野菜はみずみずしさが命です。へたったものでは料理をしたいという気持ちになれませんが、新鮮さをキープするためにも真剣に知恵を絞ります。中でもうまくいった工夫だけが残り、いつもそれをするのが当たり前になっていきます。

素材を上手に扱うというのは、一事が万事、そうやって見つけたひと手間の繰り返しなのです。

国産食材にもっとこだわりたい

外国のお料理を作る時は、パスタやオリーブオイルなど外国の食材を買いますが、ふだんの食材は国産のものにこだわります。

けれども、うっかりすると、意外に外国のものを食べていることが多いのです。たとえば、生の魚、肉とか、大豆やフルーツとか。日本人ならば、日本で作られたものを食べるのが一番いいのではないかと思うのですが、いかがでしょうか。

とくにフルーツ類。フルーツ類は本当に輸入物が多くなりました。レモンやオレンジ、さくらんぼやバナナ、時にはりんごまで。船に積んで、時間をかけて運んでくるのに、店頭に並んでいるものがあれほど新鮮だなんておかしい、そう思う猜疑心は忘れてはなりません。

ここで挙げたフルーツ類はすべて、じつは日本でも採れるものばかり。豊かな水と穏やかな気候のせいでしょうか、海外のフルーツと比べ、日本のフルーツはみずみずしいと思います。水分量が多いのですね。日本はすばらしいフルーツ王国なのです。

日本のおいしい食材をもっと見直したほうがいいと思います。そして、ふだん口にするような食材は、なるべく国産にこだわりたいものです。自分の国の食べ物をおいしいと思えれば、もっと日本という国に自信を持てるようになるはずです。

よい食事とはバランスのよいごはん

毎日のごはんは一汁三菜、いや一汁一菜でよい、などといろいろな考えがありますが、何よりも、バランスがよいかどうかのほうが大切だと私は考えています。

料理にとりかかる前に、今から作る料理を頭の中でイメージしてみましょう。それが難しければ、その日に使う食材をすべて並べてみます。バランスのよしあしは、こうして実際に見てみるとよくわかるものです。

いろいろな色の食材がそろっているでしょうか。野菜、穀類、お肉など、種類に富んだ材料がそろっていますか。生のものもあれば焼いたものもあるというぐあいに調理法に偏りはないですか。しょうゆ味のもの、すっぱいものというように味つけもいろいろありますか。

一回のごはんにすべてのものが入る必要はありません。ごはんは毎日食べるのですから、食材をうまく分散させたり、同じ食材でも今日は煮て、明日は焼いて、というふうに食べてもよいのです。

なぜバランスが大切か——それは、どんなごはんでも、うまくバランスが取れてさえいれば、おいしく食べられるからです。
一回のごはんで、すべてバランスが整っているように食べようというのが、無理な話なのです。一度にそんなにいろいろなものを食べることはできないでしょう。私の場合、三日くらいで、だいたいバランスが取れていればいいと考えてごはんを作っています。

料理中の贅沢な瞬間

揚げたてのなすの濃い紫紺色に光る皮と、ちらりと見える薄い緑を帯びたへたの下の部分、みずみずしく透き通るような真っ白の極細のせん切り大根……思わずうっとりと見とれてしまうような美しさが、キッチンにはたくさんあります。

キッチンで料理をしている時、その美しさに心が打たれる瞬間があります。そして、美しい野菜はまちがいなく、おいしいのです。

きゅうりの薄く皮をむいた部分の翡翠色の美しさにはっとさせられますが、それがおいしさの証拠です。ものによっては皮の下が白いものもあり、そういうきゅうりはぶかぶかした食感で香りも味も冴えません。

セイロから出したてのブロッコリーやいんげん、カリフラワーの美しい色は、これらの野菜はゆでるよりも蒸したほうがおいしい証拠のように思えます。

青菜をゆでる時も、一番きれいな色の瞬間でさっと湯から引き上げれば、おいしいおひたしができます。それがベストなタイミングだからです。何分ゆでるというのではなくて、一番美しい時に引き上げるのが、本当の正しいゆで方とも言えますね。

おいしさと美しさに関係があるのかないのか、科学的な根拠はわかりませんが、美しいものはおいしいと、体験的にそう思っています。

キッチンに立ったら、料理の手順だけを追うのではなく、素材の色や香り、料理をしている時の音を充分に感じてください。五感を総動員してよく見て、よく聞いて、食材に神経を集中させて料理をすると、美しさに気がついたり、一番おいしいタイミングや素材とのつき合い方がわかってくるはずです。

きれいだなと感動して料理ができれば、キッチンに立つのが楽しくなるでしょう。それが重なれば、素材への感謝の気持ちや尊敬の念も自然に生まれてくると思います。

わが家のポン酢を作る

レシピは単なる目安です。そのとおりに作るのではなくて、食べる人や料理の内容や素材の状態によって、あなたに合う、別のものに作り変えていけばいい目安なのです。

たとえば、鍋や湯豆腐など冬の料理に欠かせないおろしポン酢。わが家のポン酢は、だし：しょうゆ：酢が1：1：1、今までたくさんの本で、そう紹介してきました。

基本はそのとおりなのですが、私自身は、料理によって、食べ方によって、好きなように割合や材料を変えて作ります。

1：1：1のポン酢は、鍋の具をとっぷりと漬けて食べるにはいいのですが、蒸した野菜を食べるには少し薄くて物足りないのです。焼いたお肉にも、すこし濃いポン酢がほしくなります。そういう時はしょうゆを多めにしますが、スプーンやカップを使うこともなく、お玉に注いだ目分量で合わせます。

酢を柑橘の汁に替えて作ると、さらに香りのよい、おいしいポン酢ができ上がります。柑橘はかぼすや柚子でも、橙やすだちでも。柑橘の果汁は、旬の時季にまとめてたくさん搾り、小分けにしてガラス瓶に入れて冷凍してありますから、しょうゆとおだしがあれば、いつでもこのポン酢ができるのです。わが家のポン酢はもっぱら柑橘汁で作っています。

ポン酢にはいろいろな種類の市販品がありますが、柑橘の果汁に、しょうゆ、だしをだいたい同量を目安に合わせればでき上がる——そう考えると、買ってくるまでもないなと思えませんか？

それにおろした大根を加えればおろしポン酢のでき上がり。大根の旬は、かぼすや柚子の季節。同じ季節のものはなぜかよく合います。もちろんレモンのおろしポン酢も作れるのですが、どこかが違っていて、かぼすや柚子にはかなわない。

ほかにも、すりごまをたっぷり加えるとか、七味を入れれば、味に変化がつきます。

自分でポン酢を作る癖がつくと、食卓に市販のポン酢の瓶が並ぶことはなくなり、片口などに入れて添えられるようになるでしょう。そのうち、器屋さんをのぞいてみたり、作家さんの個展で自分の好きな片口を求めるようになるかも！　自分でポン酢を作ることが、こうして暮らしを一段押し上げるのです。それは、おいしくて楽しくて、体にもいいと、いいこと尽くし。

何よりも、作りたてのポン酢でいただく湯豆腐の味を知ったら、きっと止められなくなると思います。

マヨネーズの話

調味料は、なるべく自分で作ったほうがいいと思います。

なぜなら、たれやマヨネーズなど、味つけ調味料は、それが何から作られているかが、一番大事だからです。店頭で求めたマヨネーズの材料が自分でも納得できるものならいいのです。でも、たいていそれはわからないですし、納得もできません。

じつはマヨネーズは簡単に作ることができます。卵にたくさんの油、それにお酢と塩を合わせて、攪拌すればでき上がり。おそらく売られているマヨネーズも同じように作られているのでしょうが、そう言えば、買ったマヨネーズは何年おいても、味が変わりません。それはどういうことなのでしょうか？　何かが入っているのかしら？　マヨネーズの油はいったい、どんな油なのかしら？　そういうことは私たちからは隠されています。日々、ごはんを作って食べている私たちは、そこで「あれっ？」とならなければ変だと思います。

どうやら、私は疑り深いようで、マヨネーズやポン酢、ケチャップ、ドレッシングなどの味つけ調味料の材料を信じられないのです。そもそも、そのマヨネーズの材料の油がちゃんとした油だったら、おそらくこの値段ではできない……なんて思ってしまいます。

市販品のブラックボックスには自分で確認できないものが多いので、結局、自分で作ってみようと思うのです。そうすると、買ったものよりも、ずっとおいしい。

当たり前のように、冷蔵庫に常備している調味料。でもその中身が何であるかわかって買いたい、わからないなら自分で作りたい、そう思うことは当然ですし、大切なことです。漫然と使うのではなく、ちゃんと考えて選ぶ。まずはみなさんが少し疑り深くなることが、食卓に革命を起こすのではないでしょうか。

いいお米を買うことは未来を選ぶこと

手をかけて丹精こめたお米。お米がおいしいのは、炊きたてのご飯ばかりではありません。ぬかみそ、みそ、酒、しょうゆなどはすべて米についた菌で作られるのですから、お米抜きでは私たちの食は考えられないでしょう。はるか昔から、私たちはお米を食べ、お米によってさまざまなものを作って暮らしを豊かにしてきたのです。

そんな日本の稲作を支えているのは誰だと思いますか？　お米を作っている農家の人たち――それも正しいのですが、私は稲作を支えているのは、日々、ご飯を食べる私たち自身、つまり消費者だと思っています。買う人がいるからこそ、作る人がいる。そう考えると、買う人の責任は重大ですね。

きちんと作られたものを買うことは、そのまま、きちんと作ろうとしている生産者を守ることです。消費者と生産者はお互いさまだとも言えます。

だからこそ、お米を選ぶなら多少高くても、日本産にこだわり、なるべく農薬や化学肥料を使わずに育てられた、素性の確かなお米にこだわらなくてはならないと思います。お米作りは手のかかるものです。きちんと作られたお米が高価なのは、想像に難くないでしょう。

高くても日本で作られた素性の確かなお米にお金を出す——そうすることで、お米を作る人が生きていけます。きちんと作る人が生活を営むのが困難だから、今の米作りは農薬や化学肥料を使うことになり、安い米が外国から輸入されるのでしょう。そのために私たちは、安全や健康やおいしさを失っているとも言えるのです。

お米に限らず、農業でも手仕事でも伝統工芸でも、それを途絶えさせたくなければ、私たちにできることは「買う」ことではないでしょうか。よいものを見極める目を養い、納得のいくものを買うことが、文化や伝統を伝えていくことにつながります。

おいしいお米を食べる健康な未来と素性のわからないお米を食べる不安な未来、あなたはどちらを選びますか？　日本の食文化はあなたの肩にもかかっているのです。

おいしい玄米を食べるには

毎日のご飯を玄米にしたいと思ったら、まずおいしく炊ける道具と納得できる質のおいしい素材をそろえるのが先決です。

私は、玄米は圧力鍋の中にカムカム鍋（オーサワジャパン）という陶器の内釜をセットして炊きます。この二つは玄米をおいしく炊くための必需品。これがないとおいしくできないので、結局玄米を食べ始めても、早々にやめてしまう人が多いのです。長く食べ続けたければ、体にいいということより、おいしいということのほうが大切です。

圧力鍋は日本製のヘイワ圧力鍋（ピース圧力鍋　鋳物屋）のものがいちばんです。外国製ではあまりおいしく炊けません。

最近では玄米にひえ、あわ、きびなどの雑穀を加えたり、黒豆や大豆を加えたり。中でも、黒豆を加えた玄米ご飯はもっちりと甘味があり、そのうえご飯がほんのり紫色に染まって美しくて、大好きです。

さて、おいしい玄米を炊くいちばんの基本は、おいしい玄米を買うことです。炊き方がいくらよくても、玄米そのものがおいしくなければ、元も子もありません。

おいしい玄米を選ぶには、まず白米のおいしいものを選ぶことです。玄米の味はわからなくても、白米ならば味がわかるでしょう。その白米が精米される前の玄米を買えばいいのです。

おいしいと思えるお米があれば、直接そのお米を作っている人に、玄米を分けてほしいとお願いすればいいのではないかと思います。生産者が難しければ、産地のお米屋さんにお願いしてみてはいかがでしょう。

とりあえず買ってしまわずに自分で探して買う、おいしいものを手に入れるなら、そのくらい、積極的になっていただきたい。今はインターネットというものがある時代です。生産者やお米屋さんとじかにつながり、おいしいものを買うのは、すごく楽しいことです。

しっかり噛んで食べる玄米のひと皿

玄米ご飯があると、それだけで私は安心です。白いご飯もたまには炊きますが、今では玄米のほうが、白米よりもずっと早く減ります。

玄米ご飯は、和食に限らず、いろいろな国の料理、とくにスパイスの効いた料理とはよく合います。

ですからカレーと玄米の相性は、たしかにとてもよいのですが、ここでひとつ問題があります。カレーは、食べる時、しっかり噛まずに飲むように食べてしまうのですね。その証拠に、カレーは皆さん、あっという間に食べ終わってしまいませんか?

玄米は、しっかり噛んで食べてこそ、そのおいしさと魅力が表れるもの。

しっかり噛んで食べるためには、そのように心がけるだけでなく、どうしても噛まなくてはならないものを組み合わせて食べるというのも手だと思います。

たとえば、玄米に豆を組み合わせてみる。豆なんて、ふつうは飲み込めないでしょう。口に入れれば、誰もが噛みます。

ほかに飲み込むことができないものは、カリカリしたもの、コリコリしたものでしょうか。揚げたじゃこや、揚げたナッツ、とうもろこしなどを玄米と合わせると、これがとてもよく合って、おいしいのです。そして、飲み込みなさいと言われても飲み込めなくて、自然に噛んでしまいます。

さらに、生の野菜。たとえば、キャベツのせん切りやレタス、セロリなど、なんでもいいのです。生の野菜も、飲み込めなくて、思わず噛んでしまうもの。

コリコリに揚げたナッツに豆と生野菜をたっぷり、それに玄米を合わせたサラダみたいなひと皿は、いかがでしょうか。いろんな素材が一度に食べられて、しっかりと噛んで玄米を楽しめるのでいいな、と思うのですが。

食べたいものを食べる

体にいいというより、食べたいものを食べることのほうが大切です。野生の動物は、栄養バランスを考えたり、健康的だから食べるわけではありません。みずからの本能に従い、食べるべき時に食べているでしょう。人間もそんな動物の食べ方に学んだほうがいいときどき思います。その時に食べるべきものが食べたくなる、という体になるように仕向ける、それは自分の責任だと思うのです。

たとえば、ビールだって本当においしいと思って飲めるのは、最初に一杯程度。四杯も五杯も飲んでいるのはただの惰性です。アルコールを摂りすぎると、若い頃はなんでもなくても、ある程度の年齢になると、必ず何かしらのしわ寄せが来るものです。

自分が食べたいなと思うものを食べ、それ以外は食べない。それが私の理想の食事の仕方ですが、皆さんはいかがでしょうか。

そのためには、自分が食べたくないものを自覚できなければなりません。「もうおいしくないからビールはいらない」と量的に度を越さないという自覚もありますが、「このたらこ、いつものものと味が違う、何か化学調味料が入っているのかしら?」と質に対する自覚もあります。変な感じがしたら、次のひと口は食べられないというのは、決して大げさなことではなくて、そのくらい自分の感覚を鍛えておくことが大切なのです。そうしないと、おいしくないもの、体によくないものを見分ける感覚は鈍るばかりです。

今、自分が何を食べたいかがわかる、そして、おいしいと思わないものは食べない、野生の動物を支配する大原則を私たちも忘れてはならないと思います。

今日の私が食べたいもの

今日は何を食べようかと考える時には、「魚屋さんに並んでいた金目鯛がおいしそうだから」とか「季節のものだから」とか、「今日はエスニックが食べたい」などのように、自分の感覚や直感に従うほうが「正解」に近いと思います。

料理をする時も、レシピを片手に考えて作るのではなくて、これとこれをこんなふうに合わせたら絶対においしいに違いない、と本能的にひらめき、作ってみたらおいしかった、という具合です。

鰯のすり身にごぼうをたっぷり加えたつみれは、今までいろんな本で紹介した私の大定番。たっぷりのごぼうのつみれがおいしいなら、ねぎやみょうが、しょうが、しそなどの薬味をたっぷり入れた「薬味のつみれ揚げ」だっておいしいに違いありません。ごぼう天と同様に、混ぜにくいくらいの大量の薬味を魚のすり身に合わせて揚げてみたら、ほらやっぱり。とてもおいしいつみれ揚げに。

さらに、香りのよい近江しょうがを加えれば絶対においしいはず。この場合は、しょうがの切り方がポイント。五ミリ角程度の、ゴロゴロするかたちに切りました。でき上がったつみれを食べてみると、予想したとおり、しょうがのフレッシュな香りが口いっぱいに広がります。みじん切りではなく、噛んだら歯ごたえがある程度の大きさにしょうがを切ったのは、火が通りすぎないほうが絶対においしそうだから！

そもそも献立作りや料理は、頭で考えるだけではなく自分の気持ちが赴くままに直感的に試してみたほうがいいようです。わたしの場合は、おいしいものはたいてい、じっくり考えるよりも簡単な思いつきから生まれます。

皮ごと桃を食べながら考えたこと

ある時のこと、冷えた桃を皮ごと切ってお出ししたら、皆さん、「皮むかないのですか？」ととてもびっくりされました。でもここは、「そのまま食べて」……

初めての皮つきの桃は新鮮でおいしかったようで、とても喜んでいただけました。

桃は、皮をむく果物だとほとんどの人が考えているようですが、ちゃんと熟しているけれど実はかたい、そういう桃は皮をつけたまま食べるほうが美味。桃の皮のはじけるような歯ごたえ、少しかためでみずみずしく、しっかり甘い果肉。とてもおいしいのです。熟してやわらかくなる桃は、こういうふうには食べられませんが。

皮のケバは、水に浸したびわこふきんでそっと拭いて取ります。びわこふきんがなくても、ふつうのさらしのふきんを使ってもいいでしょう。

何がおいしいか、どうすればうまくできるか、自分の先入観や常識にとらわれず、つねに裸の目で素直に考えてほしいものです。

桃は皮ごと食べたほうがおいしい。そういうことをひとつひとつ、いつも考えています。

皮ごと食べると言えば、もうひとつ。私は、大根でもにんじんでもあまり皮をむきません。皮つきのまま切ったり、煮たりします。「大根とお肉のしょうゆ煮」などは皮つきで作ると、大根が縮まずに、皮の触感もおいしいのです。

「ちょっと待って！ 本当にいいの？」、いつも自分のしていることに疑問を持てるようになると、人生は大きく変わると思います。「ていねいに暮らす」というのも、そういうことではないでしょうか。

ひとりの贅沢を楽しむ

私にとっての贅沢――それは、玄米ご飯とたくあんとおいしいほうじ茶。なんでもないふだんの食事です。その一方で、とてもおいしいチーズやウニ、プロシュット（生ハム）やサラミとそれに合うワイン、たまにいただくこんな食事も捨てがたい魅力。

本当においしいと言っても、たかだか玄米ご飯、たくあん、ほうじ茶。でも、簡単に見えますが、じつは簡単には手に入らないものです。たとえば、おいしい玄米を食べるなら、まずお米を選び、おいしくでき上がる炊き方をします。たくあんは大根を選び、自分の好みに仕上がるように漬ける――このようにどこにも譲れるところがありません。

お金を出したらどこかで買える、というものではないところに贅沢の原点があります。そもそも売られていないので、手に入れることもできません。自分で作らなければ食べられない、それこそ最高の贅沢なのだと、納得のいく味を探すうちに知りました。

チーズやウニやワインは、お金を出せばそろいますので、手軽だと言えば、そうかもしれませんね。けれども、好みのものを探し出すには、時間も手間もかかります。

どちらにしても、えりすぐった好みのものを見つけ出して食べるのは、自分だけの贅沢。多少高価なものでも、たまにひとりぶんでしたら許せる程度でしょう。ひとりの食をこんなかたちで充分に楽しんで、いい時間が過ごせればいいと思います。

ごはん会は一緒に食べることを大切に

「ああ、おいしい」……ひとりのごはんを楽しめるようになると、それを誰かに食べさせてあげたい、そう思うでしょう。

　そんなわけで、ときどき、ごはん会をするんです。会と言っても、口実なんて簡単なことでよくて、気軽に集まっていただきます。誰かから「今度、東京に行くから」と連絡があると、「それじゃあ、お友だちを呼んで」という感じ。

　ご飯とみそ汁とお漬け物、それに干物でも焼けば、自分がおいしいと思っているものならば、お客さまもきっと喜んでくださるはずです。

「人を呼ぶからこうしなくては……」と改めて考える必要はないのだと思います。自分がいつも食べているものを人と分け合って食べる、ただそれだけのことですから、気負う必要はありません。

　いつも「どうすればおいしく食べられるかしら」という気持ちでごはんを作っていれば、ふだんの料理をおもてなし料理として、おいしく食べていただけます。自分で作ったごはんを、「ああ、おいしい！」と思えるようになったら、友人や知人にも、「いつでも、どうぞ！」と言えますし、このことのほうがずっと大切だと思うのです。

イタリアに学びたいこと

お客さまをお招きする時は、あえて特別なことはしないようにしています。

イタリアをはじめ、ヨーロッパにも、ひとり暮らしのおばあさんがたくさんいます。ふだんは静かなお宅でも、日曜日のお昼は別。昔からの習慣なのでしょう、必ず家族がおおぜい集まって、みんなでワイワイ言いながらごはんを食べています。

キッチンではおばあさんが中心になって、お母さんや娘さんたちに指図して、料理をします。長い人生の経験と知恵が、自然に若い人にも伝わるしくみです。

なんだかいい感じ！　日本もそうなるといいですね。家族が遠くに住んでいてなかなか集まれないならば、お友だちに声をかけてのごはん会にしたらいいと思います。

そういう時のおもてなしは、豪華にとかおしゃれになどと、見栄を張らないこと。何を食べるか以前に、食事は飾り気ないおしゃべりを引き出すための脇役である、そのくらいでいいのです。大切なのは、みんなが集まって同じものを食べて、楽しい時間になっているということ。ふと気がついた時、誰もが笑顔になっていれば、その日の集いは大成功と言えるでしょう。

気取りのない家での集まりは人間関係を深めてくれます。ふだんは仕事の都合などで別々に住んでいても、意識的に「みんなで食事する」ことが、ひとり暮らしの人の元気の源になるのだと思います。

「1プラス」という言葉

「一緒にごはんを食べることって大切だよね」

と誰かが言えば、ほかの誰かが、

「テーブルの上の料理よりも、みんなでそれを一緒に食べることに意味があるんだよ」

別の人がそれに続けて、

「一緒に食べて、いい時間を過ごせることが大事よね」

そんなふうに、たくさんの人と「ごはん」談義に花を咲かせていた時のことです。

「でもね、そうとわかっていても、とくに最近はひとり暮らしをしている人が多いからね。みんなで食べたほうがいいと言っても、そうはいかないよね」

以前、誰もが知っている有名なコマーシャルを作られたコピーライターの方がそう言いました。

「でも、ひとりでもちゃんと食べていれば、たとえば、たくさん作ってしまったものがあれば、「一緒に食べようよ」って言えるでしょう」

思わず私がそう言うと、コピーライターの方が、

「そうなんだよ、1プラスなんだよ！」

とおっしゃいました。

「1プラス」という言葉を聞いて、そこにいた全員が、おなかの底から、「そうだ。1プラスなんだ」と共感しました。

いつも誰かと一緒に食べるのではなくて、「一緒にご飯を食べていかない？」と声をかけることができる、そういう場、そういう状態を自分で作っておくことが大切なのです。いつもは「1」だけど、ときどき「1」にプラスすることができる、というごはん。

けれども、ひとり暮らしでは、少し努力をしないとなかなかそうできません。漫然としていると、すぐに人と交わることは「めんどうくさい」と感じてしまいます。時にはがんばってそういう場を自分から作ることが大切です。

その日の集まりに、私は「お昼ごはんは、まかせて！」と押しかけて行ったのでした。あれこれと二十名近くが集まり、とにかく楽しい時間でした。

「1プラス」にするためには、待っているのではなくて積極的に自分から動くくらいがちょうどいいです。

この本では、ひとりでもおいしくちゃんとしたごはんを食べるための私のやり方を書い

ていますが、その根本にあるのは、ちょっと勇気を持って誰かと一緒においしく食べる機会を積極的に作る「1プラス」の考え方。それぞれが充実した食卓を持っていれば、いつでもプラスできるのです。

いい言葉を教えていただきました。

ワインを楽しむ酒の肴

わが家でお酒ならば、ワインか日本酒。エスニックならシェリーや紹興酒。その日飲むお酒により、当然酒の肴も変わりますが、無理やりワインに和食を合わせたいとは思いませんし、その逆もありません。

スプマンテやシャンパンだけは特別で、ちょっとイタリア料理っぽいメニューにしたり、和食に合わせることもあります。

お酒好きなお客さまが見える場合は、一緒に飲みたいですから、私もばたばたしないようなメニューを考えます。飲みつつ作り、おしゃべりしつつ飲むという感じです。

ワインの肴として、とても重宝するのは発酵食品。プロシュットやサラミ、チーズなど。こういうものが豊富にあれば、メインの料理は手間のかからないもので充分でしょう。オリーブオイルとハーブでマリネしたチキンやサーモン。オーブンで焼くだけで食卓にすぐ出せますし、小腹がすいたら、「パスタにする?」と声をかければOKです。

日本酒を楽しむ酒の肴

その日のお酒が日本酒なら、たくあんの古漬け（ぬか漬け）とか、かす漬けやみそ漬けの野菜とか魚介類などを用意します。ほかに、しょうゆとお酒で炒りつけたピーマンや、きんぴらや切干大根などのおそうざい。

ほとんどが自家製で、たいてい冷蔵庫に入っているものです。そういうものを小さい器にちょこちょこと盛りつければ、いつでも酒の肴があっという間にできてしまいます。

わが家では、酒の肴がそのままごはんのおかずになり、ごはんのおかずでその日のお酒を飲むというわけです。

からすみやウニなども、買ってあると重宝します。

とくに、なれ鮨のように少し置いておけるものが便利。それ自体がいい酒肴にもなりますが、〆には酸味が丸くなる「なれ鮨のお茶漬け」も美味なんです。ご飯にほぐしたなれ鮨をのせて、あつあつの番茶をそそぎます。

お酒に合う発酵食品が買ってあると、ふとした時に「人でも呼ぼうかしら？」という気持ちになります。もちろん、ひとりの時にも重宝します。お昼に食べすぎて、夜は少しでいいという時、なれ鮨でちょっと飲んで、あとは汁物で終了……というのもおつなものですよ。

ワインと古漬け

おなじみのきゅうり、なす、かぶ、セロリなどのぬか漬け。ですが、ここで別格なのが、ぬか床の中にずっと眠っている古漬けです。

おなじみのぬか漬け何種類かがちょこちょこと残って古漬けになっていたら、かくやにします。かくやとは、細かく刻んだたくあんのことです。諸説あるようですが、うちでは刻んだぬか漬けは、かくやと呼ぶことにしています。古漬けは塩がしっかりまわっていてしょっぱいので、切ったものを水につけて塩出しします。それを両手でぎゅーっと絞って、おろししょうがをたっぷり加えて混ぜます。しょうゆなどはいっさい使いません。さらに、生のまま細かく切ったみょうがやしその葉を加えることも。

古漬けにひと手間加えたひと皿ですが、おいしいぬか床で作った古漬けの味わいはえもいわれません。酒肴にも最後の〆の食事のお漬け物にも、お茶漬けにも、とても喜ばれます。

古漬けは酒の肴として日本酒にとても合うのはもちろんですが、古酒と言われる年代もののワインにも合うのです。三十〜四十年たった赤ワイン、それ以上たったものなら赤でも白でも、どちらのワインにも合います。古漬けと古酒、古いもの同士は相性がいいのですね。

また、たくあんやいぶりがっこなどもワインに合う場合があります。そこで、よくチーズや、たくあんやくさやの干物などを和洋問わずに取り混ぜて、ワインでいただくのも美味。とくにいぶりがっこと超熟成ゴーダチーズの相性はとてもいいのです。

ところで、子どもって意外に酒の肴が好き。いや、むしろ酒の肴の味は子どものほうがわかるのかもしれません。大人は相性やおいしさを頭で考えてしまうけれど、子どもはもっと素直ですから、たくあんとチーズが並んでいても違和感なく食べています。先入観がないぶん、下手な大人よりよっぽど味をわかっているのです。

みんなとんかつが好き

年に数回、巣立っていった娘たちが、それぞれの家族を連れてわが家に帰ってくる日があります。男性も女性も、子どももおとなも、大人数でいただくそんな日の食卓は、気取らなくて、おなかいっぱいになる肉料理がぴったり。

子どもたちが好きということもあり、よく作るのがとんかつです。二度揚げすることで、サクッと仕上がった衣とジューシーな肉のコントラストに、みんなの気分も盛り上がるようです。

とんかつのおもてなしは、じつはヨーロッパではとても喜ばれます。

そう言えばヨーロッパには、ウィンナーシュニッツェルやコトレッタ・アッラ・ミラネーゼなど、お肉に衣をつけて揚げる料理がありますから、親しみやすいのかもしれません。日本のとんかつと違うのは、肉は叩いて薄くのばしてあること、添えられているのはせん切りキャベツにソースではなく、フライドポテトにレモンとケチャップが定番であるということでしょうか。

たっぷりのキャベツのせん切りに揚げたてのとんかつ、白いご飯とみそ汁を添えて、とんかつ屋さんの定食のようにして出して、薬膳ソースで食べていただきます。こういうサーブの仕方も外国の方にとっては面白いのかもしれません。

とんかつって、誰もが好きなんですね。

あっ、そう言えば、日本のわが家でとんかつを出す時は、揚げたてを食べやすい大きさにカットして、あつあつを大皿にのせてテーブルの真ん中に。このスタイルなら、どんな人もおのおのが好きなぶんだけ食べられるというわけです。

イタリア中部地震の時

二〇一六年、イタリア中部地震が起きた時、私はちょうどウンブリアの家にいました。この町の建物はほとんどが中世やそれより古いローマ時代の石造り。石造りの家では火事は起きませんが、一回目の地震で倒壊しなくても、幾度もやって来る余震で次第に石がずれて、やがてがしゃんと崩れます。だから恐ろしさがいつまでも続きます。

住人たちは、崩れた家屋の下敷きにならないように、余震が起きると、即刻、外に出なければならない――ですが、夜間、寝ている最中などは困りもの。そこで、洋服を着たまま、寒い時期でしたから、コートも着て、靴もはいて、パスポートなどが入ったハンドバッグを抱きかかえて寝るしかありませんでした。私だけでなくて、イタリア人たちも、ベッドやソファを窓辺や庭に移し、中には車中で過ごしている人も。どちらかというと、女性よりも男性のほうがこわがっているようで、おじさんたちは、家の中にいられなくて、朝から晩まで外でうろうろしていたものです。

そんな時、私を気づかって、お隣の方が、「ひとりでごはんを食べるのはよくないわよ」と、お昼ごはんに呼んでくれました。いつ家が崩れ落ちてしまうかわからない状態なのに、何を食べさせてくださるのかしら、と伺ったのですが、すでに鍋にはトマトソースができていて、そのソースの中で、お肉の塊がおいしそうに煮えています。

サラミとか生ハム、ブルスケッタなどの前菜が並び、ワインもいただき、その後、トマトソースで煮込んだお肉とそのソースのパスタ。シンプルな野菜のサラダがたっぷりと。ふだんのままの食事ですが、いつ地震が起きても、すぐに逃げられるように、それぞれお皿はプラスチック製のものが一枚ずつ。もちろんワインのグラスもプラスチック製。それでも、いつものようにお皿に残ったトマトソースをパンでよくぬぐっていただきます。デザートは、隣町にあるおいしいお菓子屋さんのケーキがたくさん。そしてコーヒー。

とても震災のさなかのごはんだとは思えないでしょう。トマトソースの中で肉を煮る料理は、パスタと主菜が一度にできるので、イタリアではもっともよく作られる合理的なものです。しっかり食べた感じがして、充分満足できます。しかも、ふとキッチンに目をやると、肉を煮込んだトマトソースの鍋とパスタをゆでる鍋、その二つしか使っていないのです。

ごはんの最中も余震は絶え間なく、全員がプラスチックのお皿を手にいっせいに立ち上がる、そんなことが何度もありましたが、いつもと同じ料理を作って、いつもと同じように食べるのを、「すごい」と思いました。

そして、自分の身を守るだけでせいいっぱいな時に、「みんな一緒だよ」という気持ちをさりげなく伝えてくれる温かいおもてなしに、本当に胸が打たれました。

イタリアでは、余震で家が崩れそうな状態にあっても、ほとんどの人が疎開しません。崩れた家の下敷きにならないようにベッドの位置を替えたり、プラスチックの食器を使ったりしながらも、ふだんと同じように食事をしながら、他人を思いやり、ずっとこわさに耐えている――一緒に恐怖を味わった仲間は、一生の仲間であり続けられるんだと、この姿は、今でも心に深く残っています。

とんかつのおもてなし。時には、食べやすい大きさに切って、大皿でサーブします→ p132

冷蔵庫の中はつねに見通しよく！　いつもチェックして、
ものが溜まらないように循環させています。上の段の
梅干しは2016年以前に漬けたもの。2017年からは、
高久さんの鉢を使うようになりました→ p157 ほか

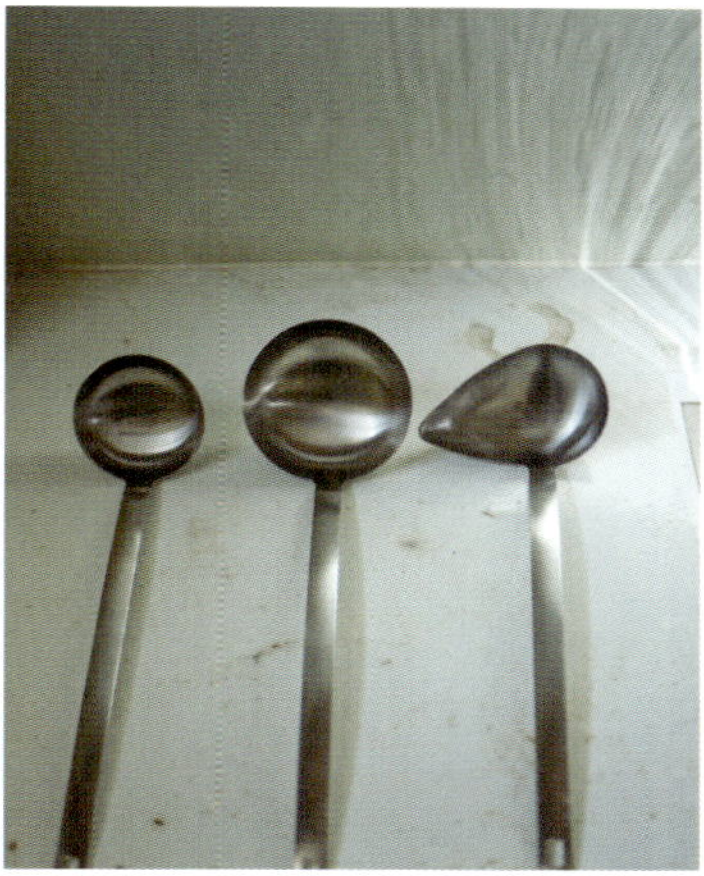

右上／汚れは溜めないように。水まわりもこのとおり！→ p169　右下／鉄のフライパンはすぐに洗って手入れして長く使います→ p153　左上／ラバーゼで作ったお玉は柄が長いので鍋に落ちません　左下／ボウルとざるがあれば組み合わせて蒸し物ができます→ p152

鉄瓶はIHコンロでも使えます。伝統の道具と新しい道具のコントラストが面白いでしょう→ p155

ひとりでも大きな木のテーブルがあれば、そこがいつもの居場所になります
→ p175

グリーンのある生活

お茶の席では、「この先は入ってはいけません」という場所には、「立入禁止」と書くかわりに、石がひとつ、そっと置いてあることがあります。「入らないでくださいね」という気持ちがたったひとつの石でさりげなく表現されています。石の風情が美しくて、ダメですよと言われているのに、なぜかとてもよい気持ちがするものです。

さりげなさというのは、気持ちよく暮らしていくための大切な要素だと思います。色とりどりの美しい花々を飾るのは、気分が華やぐものですが、日常のなんでもない暮らしによく合うのは、なんでもない庭やベランダの緑だと思います。

よく、自分で育てている緑をちょっと切って水に挿し、お部屋でも楽しみます。大きくたっぷりと盛りつけるのではなく、小さな器やコップにふんわりと。それを、食卓や棚、トイレやバスルームのコーナーに添えるのが好きです。

こうして暮らしのあちこちに置いた小さな緑は、時には、新しい葉っぱが出てきたり、茎が伸びたりするのですが、その小さな変化をみつけるのもまた楽しみなのです。

テーブルセッティング、私のアイデア

じつはわが家には、同じ柄のセットの、いわゆるお客さま用の食器がそろっていません。持っている器はたいてい、セットどころか一つしかないものが多いのです。わたしもごはんを食べる時は、おそろいのデザインの器で食べることはなく、作り手も種類も由来もばらばらの器を組み合わせて使います。

お客さまがみえる時には、持っている器をフル活用することになります。数人の食卓だったら、同じ用途に使える、ひとりずつ違う器でセッティングします。深さのある器が使いたければ、ご飯茶碗はもちろん、小鉢や深さがある小皿までいろいろな器が並ぶことになります。

不思議なもので、逆にいろいろな食器が並んでいるほうが、全員おそろいの器で食べるよりも、食卓が魅力的に見えて、ごはんも楽しめるように思います。

十人ほどのお客さまなら、二種類か三種類の皿で十枚になるように選びます。それを交互に並べ、隣には異なる器が来るように。

盛り皿をカラフルにしたら、おのおのの皿は白い無地。あるいは、その逆に、盛り皿を無地の皿にしたら、取り皿はカラフルなものに。

テーブルセッティングは、異なる器の組み合わせを楽しんで。家にある器を総動員して、頭の中であれやこれや工夫して、時には実際に並べてみて作り上げるのが私のテーブルセッティングの仕方です。

市原平兵衞商店の盛りつけ箸を使う理由

おおぜいでごはんを食べる時も、ひとりでごはんを食べる時も、きれいに盛りつけていただくようにしています。どんな時も、箸の先に神経を集中させて、その料理が一番おいしく見えるように器に盛りつける、簡単なことですが、大切にしていることです。

美しく盛りつけるには、まずバランス感覚が必要です。そして目で見て美しいと思えるように、自分の手を動かせることが大事です。

盛りつけに手放せないのは、市原平兵衞商店で求める盛りつけ専用の箸です。この箸は竹製で、先が細いばかりでなく、強くしなり、まっすぐ。料理をつまんだり、はさんだりするのがとてもやりやすいのです。箸の先まで気持ちを入れることができる、とでも言ったらいいでしょうか。

白髪ねぎやしょうがの細く切ったものをふわっとのせる時、盛りつけたもののバランスや向きを調整する時などは、とくに箸の先まで神経がしっかり届くこの箸の出番です。

頭のほうが天そげにしてあるのは、わさびや練りからしをちょっと添えたいという時に使うから。一方の箸で、あそこにひとすくいしたものを、もう片方の箸の先できゅーっとスライドさせて器にのせると、思ったとおりのかたちに盛りつけられます。

料理は一番おいしいところで止める、盛りつけも一番おいしいところを見せる――それが理想ですが、当然のことながら、これはなかなか簡単にはできません。何度もやって腕を磨くしかありません。私も自分が思うかたちになるように、何度も何度も繰り返し手を動かして練習したり、使いやすい箸を探したものです。今は市原平兵衛商店の箸でなければ……と思うほど愛用しています。

時には手も使う

料理によっては、箸ではなく、手や大きいスプーンを用いる時もあります。サラダをざんぐり、ふんわりと、という時は、手にまさる道具はありません。

また、すくって持ち上げた姿がきれいだから、そのかたちのまま置きたいという時、そういう時は、浅くて大きなスプーンが便利です。その大きなスプーン（ブラックスプーン）にすくった料理を、ゴムベラや箸でスライドさせて器にのせます。

よく、盛りつけのしかたを教えてくださいと頼まれますが、残念ながらそれは教えようがありません。ですから、自分で学んでいくしかありません。ひとりのごはんは、盛りつけの練習にはもってこい。毎日毎日、今日のごはんは、どんな器に、どんなふうに盛りつけたら美しいか、おいしそうかと考えて盛りつけていると、嫌でも上手になるものです。

ただし、盛りつけに時間をかけすぎて、せっかくのおいしいタイミングを逃すのも考えものです。熱いものは熱いうちに、冷たいものは冷たいうちにサーブすることが大切。私もふだんの盛りつけでは、「細部まで気をつかう」ではなく、「ざんぐりと」が基本です。

ひとり暮らしで必要な調理道具は？

ひとり暮らしで必要な調理道具は、どんなものなのでしょう。ラバーゼ（私が企画しているキッチンツールのシリーズ）を基本に最低限のものを考えてみました。

ボウルでもお鍋でも、セットで持っている必要はないと思います。

小ボウルを二つ、小のふたが二つ、それと同サイズのざるを一つ、浅ざるも小を一つ。小さいものはそれでOKです。

バットとそれにセットできる角ざるとプレート、それぞれを二つずつ。

それから、中ボウルも同様に、ざるとふたを一つずつ。

欲を言えば、大ボウル、大ざる、それに合うふたも一つずつ。野菜をキープするためにほしいのです。

揚げ物をする人ならば、揚げ鍋の小。

また、直径二〇センチくらいのフライパンを一つ、二六センチくらいのものを一つ。小さいのと少し大きめのものを一つずつですが、ひとり暮らしでもそのくらいはあったほうがいいですね。

調理道具を全部小さいサイズにしてしまうと料理しにくくなりますので、中くらいのサイズを交えながら持っていたほうが料理しやすいと思います。

鍋は中くらいのあまり浅くない、直径二〇センチくらいのものを一つ。あとは、雪平鍋でも、両手鍋でもいいのですが、それよりやや大きいのが一つあればいいでしょう。大きめのほうは、無水鍋でもいいですね。どちらもふたも用意してください。

まな板はしっかりした大きさのものを一枚。

包丁はペティナイフと、三徳包丁を各一丁。

だいたいこんなものがそろっていれば、きちんと料理できると思います。

蒸すのは、どうしたらいいでしょう？　きちんとふたができれば、鍋に小ざると浅ざるを入れれば蒸し器になります。

持っているものをいかに使いこなすかを考えるのも楽しいのではないでしょうか。

圧力鍋などをそろえるのは、そのあとです。おいしい玄米を食べたい人には、圧力鍋はどうしても必要です。

鉄のフライパンを使いこなす

キッチンで使う鍋は、鉄、銅、土鍋です。とくにフライパンは鉄製のものを愛用しています。熱く熱した鉄のフライパンで作れば、水分を多く含むもやしを炒めても、水っぽくなることもなく瞬間的にできます。しかも、すごくおいしい。ただの炒め物が、とてもおいしい炒め物に変わるのは鉄のフライパンのおかげです。

使い終わったら、すみやかに洗います。まずしばらく水につけるのが基本。焦げがこびりついたら、たわしでこすれば、たいていの汚れは落ちます。落ちなかったら、スチールたわしでこすってください。油っ気がついていたら、ちょっとだけ洗剤をつけて落とします。

きれいに洗い上がったら、火にかけて、よく熱してから油をなじませます。油をなじませたあと、油がじわっと滲んでくるようでしたら、もう一度、熱して、拭きとってください。鉄のフライパンは、その過程を繰り返して使っていきます。慣れれば、そんなに難しいことではありません。

鉄のフライパンは、まず何も入れないで、煙が出るまで熱してから、油を入れてなじませて使います。そうすれば焦げつくこともないはずです。

そうして、使いこんで穴でもあかないかぎり、鉄の道具は一生使っていけるものです。穴があいたって、昔だったら鋳掛け屋さんが穴をふさいでくれたものですが、今ではそこまで使う人はいません。たとえさびてしまっても、きちんと手入れしたら、再び使えるようになるのが鉄の道具のよさなのです。まめに手入れして上手に使いこなすことができれば、こんなにいいフライパンはありません。

ちなみに、アルミや銅の鍋の汚れも鉄と同様、水につけて汚れを浮かせて落とします。銅はどうしても使っているうちに色が変わるものですが、塩とお酢を使って手入れすれば、新品のぴかぴかをキープできます。ただし使いこんだ風合いも捨てがたいものですが。

土鍋はスチールたわしを用いると傷がつきますから、汚れを浮かせてからたわしでこすります。

鉄のフライパンや鍋の汚れは、気がついたらすぐに落とすことが鉄則。とくに底の裏面や、継ぎ目、立ち上がりの角になっている部分に汚れが溜まりがちです。目立たないところや細かいところまで手入れができていないと、さらにこびりつきやすくなりますから、まるで自分を映す鏡のようです。

鉄瓶のある暮らし

冬のわが家にいらっしゃるお客さまは、ある時は火鉢に、また別の時はＩＨコンロの上で、口から湯気をあげている鉄瓶をごらんになって、「よく使いこんでいらっしゃいますね。これはアンティークですか？」とおっしゃいます。

いえいえ、これはただの鉄瓶なんですけどね。

でも、ある時、しばらく放っておいたままにしていたら、底に少しだけ水が溜まっていたのでしょう、さびが出てしまったのです。

でも、二、三回お湯を沸かして使い続けてみたら、いつのまにか鉄臭さはなくなって、口の外側に少しだけさびが残っているだけになりました。そのせいでアンティークのようなたたずまいに見えたのかもしれませんね。もしも、そうだとしたら、うっかり失敗してつけてしまった困ったさびが、いつしかこの鉄瓶の魅力のひとつになったというわけです。

この鉄瓶でもフライパンでもお米を炊くお釜でも、鉄でできたものは、使うことでますますそのよさが引き出されます。重いから、もったいないから、使いにくいから、としまいこんでしまうのではなく、鉄の道具はどんどん使って、使ったあとはよく拭いて、手入れを重ねながら、長くつき合ってほしいと思います。

ちなみに、鉄釜でご飯を炊くと、お米がシャキッと立ち、少しかための江戸っ子ごのみに仕上がります。お寿司にするのにはぴったり。

鉄の道具は、使えば使うほど、その人らしい風情をたたえるようになってきます。

わが家では、乾燥しがちな冬の間は、鉄瓶に水を入れ、細い火や火鉢の上で、いつもお湯を沸かしています。静かな室内に、シュン、シュンと聞こえる湯気の音は、なかなか味わいがあっていいものです。

また、鉄瓶で沸かした湯はおいしいお茶を淹れるのにはよいものですが、沸騰させる時は、必ずふたをずらしておくこと。わずかな隙間を作っておかなければ、いっきにふきこぼれて大変なことになるので要注意です。

冷蔵庫を循環させる

冷蔵庫には、常備菜や保存食、乾物類やジャム類、調味料など、それに加えて、みそ漬けやかす漬けなどなど、手軽においしいごはんになるものがたくさん入っています。さらに夏場はぬか床鉢が収まることもあります。

けれどもどんなにたくさんのものが入っていても、そのあいだに道のような空間を作るようにしています。適当にすかすかしていて、空気が流れる感じです。

そして、しょっちゅう冷蔵庫の扉を開いて、中のものの配置がえをしています。早く食べたほうがいいものを目の前に置くのです。

そのせいで、冷蔵庫内はいつもわかりやすくなっていますし、すぐに取り出せますから、ものが循環しています。「いつのものかわからない」というものは、おそらく入っていないでしょう。

使いやすい冷蔵庫にしておくためには、「ものを溜めないように、いつもチェックして、循環させる」という単純なこと。その繰り返しです。開けるたびに内容のチェックを心がけていれば、ものは溜まらないものです。理想を言えば、七分目程度に抑えられればとても快適です。

なんでも冷蔵庫に入れて、そのままにしておくと、庫内はぎゅうぎゅう。品質はどんどん落ちていくばかり。もったいないからと冷蔵庫で取っておきがちですが、私にとってはその場所のほうがもったいない！　冷蔵庫の扉を開けて、「食べないかも」と思うものがひとつでも目に入ったら、その場で処分することにしています。それが溜まったなら、処分するのはますます難しくなるでしょう。わが家では、おいしいかおいしくないかが、保存するかしないかの判断基準です。

半日家にいるという日には、必ず冷蔵庫整理をします。整理には三十分もかかりません。スペースが空くと、ものの循環が驚くほどよくなります。冷蔵庫にたくさんの食品が詰め込んであるから安心かというと、じつはその逆。人は詰め込みすぎた食材は気分的に使いません。これは冷蔵庫に限らず、食器棚でもクローゼットでも靴棚でも同じ。

大きめの収納スペースがあればいいというものではありません。生きていればものはいやでも溜まっていきます。ですから、冷蔵庫だけでなく、戸棚でも引きだしでも、すべてちょっとの余裕を残すようにすることです。この余裕こそが中のものを循環させ、気分のよさを生んでくれるのだと思います。

マイナスなことがあるから楽しい

近所の商店街に、夕方になると、いつも行列ができる店がありました。そこはおそうざいのお店で、たくさんの人が夕食のためにコロッケや揚げ物を買っています。毎日できている行列を見ながら、「なぜ、みんな、家で揚げ物をしないのかな?」と思っていました。揚げ物は自分で作るほうがおいしいのに、と。

揚げ物をしない理由は、油の始末がめんどう、キッチンが汚れる、油がはねる、揚げ物は難しい料理だ、などいろいろあると思います。

揚げ物をしないマイナスの理由を一覧にして、すべて解決できれば、みんなアツアツのできたてを食べられる、そう考えて、揚げ鍋を企画製作しました。

油の始末がめんどうならば、少量の油でできればいいでしょう。そのためには、底がすぼまっているかたちにすればいい。キッチンが汚れないようにするには、鍋を深くして、油がはねないようにすればいい。さらにはねる油を防ぐのに、網状のものでふたをすればいい。

揚げ物が難しい料理なのは、温度調節がしにくかったり、材料が沈んでしまったりするから。それならば、バスケットに揚げ物を入れて、油から引き上げたり、沈めたりが簡単にできればいい。

揚げ物料理の弱点をすべて解決した鍋は、今までなかった鍋として、たくさんの人に支持されることになりました。

新しいアイデアは、そのまま転がっているわけではありません。どうしてできないのか、どうして不便なのか、マイナス面を見つけるほうが大切で、それを解決することで新しいアイデアが見えてくるのだろうと思います。

「なぜ、みんな揚げ物をしないのだろう」というところから始まった揚げ鍋作りでしたが、マイナスな事柄に注目すると、じつは暮らしにはおもしろいネタがいっぱい転がっているようです。

ひとり暮らしも、ひとりでつまらない、ひとりではさびしい、ひとりでは不便、そういうことがたくさんあるでしょう。解決方法は誰も考えてくれませんが、自分で工夫したり、自分で考えてみることは自由にできます。たくさんあるマイナス面をひとつひとつ解決していくために、何を変えたらいいか、どうしたらいいか、みんながそれぞれ真剣に考えれば、世の中は自然に変わっていくと思います。

「作り手は真の使い手であれ」

三重県は伊賀の里の窯元、長谷園。江戸時代から山奥でひっそりと営まれてきたこの窯元がたくさんの人に知られるようになったのは、とびきりおいしいご飯が炊ける土鍋「かまどさん」を発表されて以来です。

この土鍋を編み出した七代当主・長谷優磁さんは、昔ながらのかまどで炊いたご飯と同じご飯が簡単に作れる鍋を商品化しようと考えました。来る日も来る日も知恵を絞り、四年以上をかけて千個以上の試作品を作ったといいます。でき上がったご飯用の土鍋は、今まで食べていたどれよりも数段おいしいご飯が、しかも自宅で簡単に炊けるという手軽さがうけて、八十万個を売り上げる大ヒット商品になりました。

「伊賀の発明王」の異名をとる長谷さんのすごいところは、それだけではありません。民具はつねに生活に合わせて進化しなければならないというポリシーのもと、ガス火で気軽に燻製を作ることができる土鍋や蒸し物専用の土鍋、ＩＨでも使える土鍋など、さらに数々のオリジナル土鍋を開発してきました。

実際に、数々の新商品を試されるのは、ご自宅の食卓だそうです。長谷さんは、「こんなのがあったらいい」というものをかたちにする自分たちの仕事でもっとも大切なのは、「作り手は真の使い手であれ」だと言いきります。それだけは一本筋を通してやってきた、と。思いだけで商品を作るのをずっと戒めてきたそうです。

長谷さんのもの作りの真髄を示すこの言葉は、ラバーゼでキッチングッズを企画する私のお手本なんです。

ラバーゼはリサーチし、机の上で考え、頭で作る道具ではなくて、毎日キッチンに立ちながら実感する「こんなのがあったらいいわね」をかたちにするキッチングッズ。

たとえば、当たり前の小さな道具が使いやすいと、料理がスムーズにできます。そんな小物のひとつがヘラで、ヘラはラバーゼのヘラでなければダメなのです。おそらく見ただけではわからないでしょう。使って初めて良さがわかります。

まずヘラは、適度にしなるのが命。よくしなるヘラはたくさんあります。でもそれらはたいていしなりっぱなしなのです。しなったあと、すぐにもとに戻ることも大事です。

また、物と皿のあいだにスーッと入ることも大切です。ひっかかってしまうと、物が動いてしまいます。そのために、先端に行くほど薄く作ります。ヘラが薄くできても、手は切ってはいけない。この微妙なさじ加減を実現できたのがある包丁メーカーさんでした。

ヘラなんて簡単な道具だと思うでしょう。でも本当に使えるヘラは、キッチンになくてはならない道具である一方、とてつもなく手間をかけなければできないのです。

理想の機能を実現するためには、技術やメーカーを選びますし、そうすると値段が跳ね上がることもあります。商品を練り上げていく過程では、もの作りに直接かかわる職人さんの腕も問われます。それを調整してものを作るのが私の仕事です。私自身が使い手に徹していれば、最高の道具ができ上がり、きっとそれは皆さんのお役に立つはず、そう思っているのです。

キッチンに必ず常備している布

昔から日本の家庭には必ずあった木綿のさらしやガーゼは、わが家の常備品です。最近、昔ながらの日本のてぬぐいが再評価されていますが、そう、あの布がさらしです。

さらしはじつにいろいろな用途に使えるキッチンの万能選手です。

漉したり、拭いたり、ふきんとしても用いることができますし、ご飯のお櫃のふたにしたり、下に敷いたり。「さらしじゃなきゃ」という瞬間は、料理をしていると、いろいろな場面でよくあるのです。

塩もみのきゅうりを絞る時にも、手のひらだと力が入りませんが、さらしに包んでぎゅっとねじると、力が入り、しっかり水が抜けます。野菜を絞る時には、これじゃないと困ります。

グラスや金属を拭くにもとてもいいのです。ガラスは繊維が短い生地で拭くと、ケバがつきやすいのです。ガラス専用の化学ふきんもありますが、さらしで拭いてみてください。とてもすっきりしますから。

漆器に使うのもさらしです。とてもやわらかくて、傷がつきません。

一反（一〇メートル）が巻きになっているものを買ってきて、切れ目を入れて裂いて使います。必要なぶんだけ使えるところもいいでしょう。スーパーマーケットなどでも売っていますから簡単に手に入ります。

一方、手まり寿司はガーゼでないときれいにかたちが作れません。かす漬けの素材を包むのもガーゼですし、くちなしの実やくぎを包むのもガーゼ。茶巾絞りにも欠かせません。こちらは薬局や日用品店で手に入ります。

さらしやガーゼは、ちゃんとお料理しようと思っている人なら、常備しておきたい必需品です。下手なふきんを使うよりも、買っておいて損はない、それがさらしとガーゼ。使ってみるとすぐにわかるはずです。もっとさらしとガーゼを見直したほうがいいと思います。

理想のリネンでふきんを作ってみたら

おおぜいの人が出入りするスタジオのキッチンでは、ふきんはきちんと大きさをそろえておきたいので、同じサイズのわたふにしています。いっぽう、自宅のふきんは、大きな正方形のものもあれば、さらしもあり、ガーゼもあり、と好きなものや信頼できるものをいろいろ取りそろえています。

グラスを徹底的にぴかぴかにしようと思って、そのために一番いい、繊維の長い上質の、そんなに分厚くない、リネンの布を探し求めたことがあります。リネンのキッチンクロスはよいと言われていますが、リネンならどんなものでもよいかというと、じつはそうでもなくて、同じリネンでも繊維が短くカットされてしまっている生地では意味がありません。

理想のリネンのふきんを求めて、あちこち見て回りましたが、結局、気に入るものは売っていないということがわかりました。

最後に、イタリアのリネン屋さんに行って、サンプルを見せてもらい、選んだ生地でふきんをオーダーしようと思ったのですが、そこでは、ふきんを三枚ほどなどという注文は受けてもらえません。一巻きぶんの布全部で作るなら注文を受けると言われ、さすがに躊躇したのですが、どうしてもほしかったので、作ってもらうことにしました。

こうしてできた理想的なふきん、それは、なんの変哲もないシンプルな真っ白な大きなふきんなのですが、一枚五〇〇〇〜六〇〇〇円と、とても高くなりました。そのかわり一生使えるくらいの高品質のものです。

このふきん、どこがすぐれものかというと、繊維がほどよい細さで、しかも長いのです。だから、ガラス類をふいた時に、水分もしっかり吸収できるとともに、ほれぼれするほどケバがでません。思わぬくらい費用がかかりましたが、この気持ちのよい使いごこちに、やっぱり作ってよかった、と満足しています。

ふきんには本当にじつにいろいろなストーリーがあるのです。

私のエプロン

私は麻のエプロンが好きです。それもしっかりした繊維の長い麻のものに限っています。熱や水にさらされるエプロンは、値段よりも品質優先です。一日が終わると自動的にクリーニングに出し、翌日は、また気持ちよくプレスの効いた新しいエプロンをつけます。毎日その繰り返しです。

使い古したエプロンは、裾まわりの広い部分を縦横にカットして、四角いふきんにします。最初は周囲がほつれてくることがあっても、しばらく糸を抜いていると落ち着くので、そのまま切りっぱなしで使います。

エプロンは上等な麻のものを選んで使っているので、ふきんにしても、とても使い心地がいいのです。すぐにへたってしまうような麻の生地でしたら、ふきんにもならないでしょう。上質なものは最後の最後まで、一枚の布きれになるまで使いきれるものなのです。

きれいに使うためには溜めないことです

わが家のキッチンをごらんになって、「本当にここに住んでいるのですか?」と、きかれることがあります。はい、本当にここは私が住んでいる家なのです。

キッチンをきれいに使うには、ともかく汚れを溜めないようにすることです。

私はひとり暮らしでも、シンクの排水口の落としに付けるごみネットは、一日に三回から四回、取り替えます。さらにネットを取ったあとの落としには、漂白剤をスプレーでひゅっ、ひゅっと、二、三回ふりかけます。そんなに汚れがひどくはないので、流しの排水口の掃除はこの程度で充分です。

キッチンのネットにごみが溜まっていたり、かびっぽかったり、色がついているのが、とても嫌なのです。ゴミが少しのうちに捨てれば臭いがひどくなることはありませんし、ぬるぬるして気持ちが悪いこともないでしょう。使用済みのネットはレジ袋に入れて、口を閉めて、ゴミ箱に。

長年そうしてきたので、「さあ、やろう!」と思わなくても、もう手が自然にそのように動いています。ですから、排水口の落としを持ち上げても、いつもきれい。

大切なのは、汚れたら嫌だな、と思うところは、汚れるのを待たずに掃除をする、ということなのだと思います。水まわりもガス台も、鍋やざるなどのキッチンツールの汚れもすべて同じ。汚くなりがちなところを清潔にきれいにしておくコツは、待たないこと、溜めないことなのです。

さわり心地にこだわったスポンジの話

仕事柄、スポンジは必需品ですが、持って気持ちのよいスポンジというのはなかったのです。ごわごわしていたり、ちくちくしたり。いくら汚れが落ちても、手に気持ちのよいものはありませんでした。

スポンジを商品化する時に考えたポイントはそこでした。触って気持ちのよい、思わず持ちたくなるようなスポンジ。ザラザラしすぎることもなく、かたすぎることもない。それでいて汚れが落ちるもの。みなさんには「使いやすい」と言っていただきますが、あれは、触って気持ちがよくて、だからあれもこれも洗いたくなるのを、使いやすいと感じるのです。

また、手に握りやすい大きさや、ほんの少量の洗剤でぶわっと泡がたつことも、それも思わず使ってみたくなる要因です。

黒と赤と白という、色にも秘密があるのです。

まず、スポンジって、見せたくないという人がいますよね。だから隠れる色として黒。

これは置いてあっても、気にならない色。

赤はビビッドでかわいい色。かわいさと存在を強調するアクセントになる色です。

そして、白は、日本人がとても好きな色です。じつはいちばん好まれているのはこの白。白は汚れがよくわかる色です。だから清潔好きな日本人には好まれる色なんです。

隠したいのか、見せたいのか、それともすごく清潔感があるのがいいのか、その三つを色で選べるのです。

手ざわりのよさ、手に収まるサイズ感、シンプルなかたち、それを実現するためにこだわり続けたら、ふつうのスポンジより値段が高くなってしまいました。けれども、一度使ったら手放せないのは、手がそれを一番いいと感じているからです。

今までのスポンジの嫌だなと思うところを解決したスポンジ。お皿ではなく、手が喜ぶスポンジこそ、私たちが待っていたスポンジだったのです。

体調が悪ければ、まず水を

イタリアでは、「寒くなってきたから、一日一個はオレンジを食べなさい」とよく言われます。みずみずしいオレンジは、レモンと同様にビタミンCがたくさん含まれていますから、風邪の予防や免疫力のアップにもつながる食べ物です。

オレンジがおいしく実る季節は、一年のうちでも一番風邪を引きやすい冬から春。そう思うと、まるでオレンジの木が、私たちが風邪を引かないように一生懸命に実ってくれているみたいに思えます。

自然は本当によくできています。だからこそ、人間は下手なことを考えずに、自然の理に従ったほうがいいのだとつくづく思います。

昔のお話ですが、母の兄は、長崎で医者をしていました。敬虔な仏教徒で、もちろん薬も処方しましたが、身体の不調には、「まず、水を」と教えたので、周囲からは「水の医者」と呼ばれていたようです。実際に、水を飲むことで、たくさんの重病人を治したそうです。水の効果にははかり知れないものがあるのですね。

私も体調が悪くて何も食べたくなくなる時がありますが、そんな時でも、水だけはたっぷり飲むようにしています。「食べたくない」ということは、「食べちゃいけない」という体からの声だと思うからです。必要のない食べ物を体に取り入れるくらいなら、水を充分に補給してゆっくり休む——何年もひとり暮らしをしてきて、それが自分には合っていると思うようになりました。

人間も植物と同じです。乾ききってしまったら、なかなかもとには戻りません。弱ってきたら、まず水をあげると、じわじわと全体にしみわたって効いてくるようです。潤っていると、薬の効きもよくなると聞きました。

小さいわが家の大きなテーブル

三人の娘の子育て中、そして娘たちがそれぞれ巣立っていき、ひとり暮らしをするようになってから、今までに何回も引っ越しをしてきましたが、いつもリビングには大きなテーブルを置いています。丸いもの、四角のもの、かたちはいろいろですが、部屋の広さからいっても少々大きなテーブルです。

大きいテーブルがあれば、ゆったり座れますし、たくさんのお客さまが見えても大丈夫。ひとりで資料や書類を広げることもできるし、大きなざるを並べたり、グラスや鍋を磨いたり、私の暮らしには欠かせません。

作業の途中で別のことをする時、テーブルに広げているものを片づけたくない時がありますよね。たとえば、半分は作業途中のものを置いておいて、もう半分で食事、という時にも、大きなテーブルなら余裕があってゆったりしています。

大きなテーブルを囲み、そこに座るそれぞれが自分の作業に没頭しているというのも、大きなテーブルならではの風景です。何か温かい空気感が流れていていいものです。

テーブルのかたちを丸くするか、四角くするかで迷っていたら、どう暮らしたいかで決めることができます。角のない円形や楕円形は、不思議とそこを囲んでいるメンバーの話がまとまりやすいかたちです。長方形や横長のテーブルでは近くの人と親密になります。ただし話題が分かれがちなのもこのかたち。長方形や横長のテーブルは、かたちとしてはかっこいいですね。

テーブルというと、どうしてもごはんを食べるための台と考えがちですが、意外にここで過ごす時間は多いでしょう。居どころになるテーブルが大きめだと、なぜか落ち着きます。

上質な眠りのために

食べることとともに、生活の基本となるのは、眠ることです。眠る場所を、気持ちよく整えることは私にとって大切なことなのです。

寝具も食材と同じで、自然素材がやはり心地いい。リネン、絹、コットン、その三つを使っていますが、それぞれ別の魅力があるのです。どれがいいというのではなく、リネンも、絹も、コットンもいい。

シルクは三つのうちで手入れがいちばんラクです。軽いですし、家で洗濯できますから、私はクリーニングに出しません。アイロンもかけやすく、しわになりにくい素材です。シルクのよさをとくに実感するのは夏。冷たくて、ツルンとしていて、ひんやりしているようですが、温かい感じもします。冬は、この肌ざわりのよさに羽毛布団を重ねるととても温かく気持ちがよいのです。

リネンはさらっとして肌にくっつかなくて、やっぱり夏向きです。しゃりっとする感じがたまりません。これはアイロンが大変なので、クリーニングに出しています。

コットンの寝具は糸の番手の細い上質のものがおすすめ。この気持ちよさはシルク以上では、と思えるくらい肌ざわりのよいコットンがありますので、そういうシーツもいいと思っています。

枕カバーやシーツは材質をそろえると、気持ちよく眠れます。

高級ホテルに泊まった時の、きちんとベッドメイキングしてある上質な寝具の心地よさを、毎日、毎日、自分の家で楽しめればいいと思います。人生の三分の一は布団の中。上質な眠りは、食べることとともに、上質な人生のベースです。

眠るところが快適だと、ベッドに行くのが楽しみですよね。一日の終わりが気持ちよいというのは、その日一日がよい日だったということ。

色はすべて白にしています。そういうところに贅沢してみるのもいいんじゃないでしょうか。

index

お櫃	樽冨かまた 秋田県能代市末広町 4-3 tel 0185-52-2539 tarutomi-kamata.com/
いりこのおっちゃんのいりこ（煮干し）	やまくに 香川県観音寺市柞田町丙 1861-1 tel 0875-25-3165 www.paripari-irico.com/
レモン	脇農園 愛媛県越智郡上島町岩城 2920 fax 0897-75-2081 iwagilemon.p-kit.com/
カムカム鍋	オーサワジャパン 東京都目黒区東山 3-1-6 tel 03-6701-5900 www.ohsawa-japan.co.jp/
ヘイワ圧力鍋（ピース圧力鍋）	鋳物屋 山形県東根市大字若木 5555-18 tel 0237-47-3434 imonoya.co.jp/
盛りつけ箸	市原平兵衛商店 京都府京都市下京区堺町通四条下ル tel 075-341-3831
かまどさん	伊賀焼窯元 長谷園 三重県伊賀市丸柱 569 tel 0595-44-1511 www.igamono.co.jp/
ラバーゼの製品	和平フレイズ 新潟県燕市物流センター 2-16 tel 0256-63-9711 labase.jp/

有元葉子（ありもと・ようこ）

イタリア料理や和食はもちろん、おいしくて美しく、野菜をたっぷりとれるレシピで定評のある料理研究家。インテリアや暮らしのスタイルにもファンが多く、雑誌やテレビ、お料理教室などその活躍の場は多岐に及ぶ。使い勝手をとことん追求したキッチンツール「ラバーゼ」を提案、またセレクトショップ「shop281」も好評。『料理は食材探しから』（東京書籍）でグルマン世界料理本大賞・食の紀行部門でグランプリ受賞。『だれも教えなかった 料理のコツ』『1回作れば3度おいしい 作りおきレシピ』（以上、筑摩書房）、『使いきる。』（講談社）、『有元葉子の料理教室 春夏秋冬レシピ』（KADOKAWA）など、たくさんの著書がある。

www.arimotoyoko.com/

撮影 竹内章雄
有元葉子（p14～15）
デザイン 高橋 良
編集協力 村上卿子

有元葉子《ありもとようこ》の台所術《だいどころじゅつ》

たのしいひとり暮《ぐ》らしは料理《りょうり》から

二〇一八年一月二十五日　初版第一刷発行

著者　有元葉子
発行者　山野浩一
発行所　株式会社筑摩書房
東京都台東区蔵前二-五-三　〒一一一-八七五五
振替　〇〇一六〇-八-四一二三
印刷　凸版印刷株式会社
製本　凸版印刷株式会社

乱丁・落丁本はお手数ですが左記にご送付ください。送料小社負担でお取り替えいたします。ご注文・お問い合わせも左記にお願いします。
さいたま市北区櫛引町二-六〇四　〒三三一-八五〇七
筑摩書房サービスセンター　電話　〇四八-六五一-〇〇五三

ISBN978-4-480-87893-9 C0077